시대를 편집하다

시대를 편집하다 김명전 칼럼집

발행 2025년 9월 15일

지은이	김명전
발행인	윤상문
편집인	이은혜, 이대순
디자인	표소영, 박진경
발행처	킹덤북스
등록	제2009-29호 2009년 10월 19일
주소	경기도 용인시 기흥구 동백동 622-2
문의	전화 031-275-0196 팩스 031-275-0296

ISBN 979-11-5886-344-9 03340

Copyright ⓒ 2025 김명전

이 책은 저작권법에 따라 보호받는 저작물이므로 무단전재와 복제를 금지하며,
이 책의 내용의 전부 또는 일부를 이용하려면 반드시 저작권자와 킹덤북스의
서면 동의를 받아야 합니다.

※ 잘못된 책은 구입하신 곳에서 교환하여 드립니다.
※ 책 가격은 표지 뒷면에 있습니다.

이 책의 판매 수익 전액은 방송 선교와 청소년 환경 교육에 사용됩니다.

킹덤북스(Kingdom Books)는 문서사역을 통해 하나님의 나라를 확장하고,
한국 교회와 세계 교회를 섬기고자 설립된 출판사입니다.

독수리의 눈으로   비둘기 마음으로

시대를 편집하다

김명전 지음

서문

　저널리스트로 살아온 세월은 세상과 시대의 그늘을 찾는 여정이었다. 그래서 음지에서 신음하는 삶의 현장을 눈으로 보고 가슴으로 느끼며, 글로 옮겨 담는 일은 어렵다. 사실과 진실을 붙잡아 불편부당한 메시지로 다듬어내는 일은 무거운 책임이 따르기 때문이다. 2004년부터 써온 칼럼들을 다시 엮으며 한 시대의 기록과 풍경을 되돌아보게 한다. 내 삶의 궤적 또한 그 속에 투영되어 있다.

　1980년대, 군부 정권의 서슬 퍼런 칼날은 20대 청춘의 시간을 무참히 도려냈다. 그 독한 최루탄은 내 영혼까지 토하게 할 것처럼 고통스러웠다. 그 통증을 끊어 내고자 주변의 만류에도 불구하고 법조인의 꿈을 접고 언론인의 길을 택했다. 세상을 위해 '빛과 소금'이 되겠다는 청년 시대의 열정, 거룩한(?) 꿈이었다고 할까. 방송인, 칼럼니스트, 교수로서 지난 40여 년을 오롯이 '언론과 진실'이라는 화두에 매달렸다.

 그렇지만 현실은 여전히 안개 속 미로를 헤매는 듯하다. 불같은 열정을 절제하고 삭이며, 생각의 결을 다듬어 세상에 내놓으려 했다. 하지만 글은 여전히 미완의 설익음에서 벗어나지 못한다. 그럼에도 글을 쓰는 날까지는 독수리의 눈으로 세상을 주시하되, 그 펜으로 조각하고자 하는 것은 비둘기의 마음을 담은 진실, 사랑이다. '사랑' 그 위대한 담론에 붙들린 근원은 한 만남에서 비롯되었다.

 나의 스무 살, 꽃 같은 청춘의 3년은 철원의 철책선, 한반도 중부 전선의 군인이었다. 1977년 겨울, 강원도 철원의 GP와 GOP에서 대한민국 청년의 한사람으로서 국방의 의무를 감당했다. 비무장 지대의 하루하루는 매복과 정찰의 연속이다. 수색대원(MP)으로서 접경지역 민통선 북녘을 감시하며 버텨냈다. 10월이면 겨울로 접어든다. 그 혹독한 겨울바람에 콧김이 얼어붙고, 눈발이 시야를 삼킬 만큼 엄혹했다.

 그 날씨만큼 나를 두렵게 한 것은 미래에 대한 막연한 불안이었다. 그때 한결같이 초소를 찾아 온 한 사람, 군종병이다. 그는 언제나 뜨거운 김이 모락모락 피어나는 주전자와 종이컵을 들고 나타났다. 얼어붙은 몸을 녹여 준 커피 한 잔은 곧 생명의 불꽃이었다. 사랑이다. 그가 어느 날 나를 하나님께 인도했다. 유교 집안에서 자란 내게 하나님은 낯설다. 그 사랑의 마음에 이끌려 교회를 출석했다.

1977년 성탄절, 하나님을 만났고 예수 그리스도를 알았다. 그것은 내 삶의 가장 복된 은총이었다. 내 영혼을 일깨웠고, '섬김'의 가치를 가르쳐 주었다. 지금 돌이켜 보면, 밤마다 나타나던 그 군종병은 하나님이 보내신 천사였던 것 같다. 그 이후 내 삶은 그분의 인도하심 속에 흘러왔다. 내가 쓰는 글 또한 궁극적으로는 하나님의 마음을 담는 도구로 쓰임 받기를 간절히 소망하는 이유다.

20년 넘게 종합신문에 게재해 온 칼럼 가운데 일부를 모아 책으로 엮었다. 글 머리에서 밝혔듯이 두렵고 조심스럽다. 같은 사건도 시대와 환경이라는 거울에 비추면 달라지기 때문이다. 한 사람, 작은 자의 소견임을 이해해 주시리라 믿고 용기를 내었다. 출간을 앞두고 올 2월 소천하신 어머니 故 문영숙님을 생각한다. 그분의 기도와 사랑은 내 삶과 글의 원천이었다. 그 은혜를 한 줌도

갚지 못한 채 남겨졌다. 이 책으로라도 상실의 아픔을 달래려 한다.

이 책을 제작하는데 정성과 수고를 아끼지 않으신 킹덤북스(Kingdom Books) 대표 윤상문 사장님과 편집진, 애독해 주신 GOODTV·데일리굿뉴스 임직원, 『석간 내일신문』 장명국 회장님과 임직원, 한국숲사랑청소년단 그린레인저, 그리고 내 삶의 한가운데서 항상 기도로 성원해 주시는 여의도순복음교회 이영훈 목사님을 비롯한 장로님들, 그리고 사랑하는 가족들께 깊이 감사를 드린다.

2025년 8월 17일
저자 김명전 올림

본서는 2013년에서 2020년, 종합신문 「석간 내일신문」, 「데일리굿뉴스」에 게재된 칼럼 가운데 시대적으로 여전히 요구되는 주제들을 선별하여 2025년 시점으로 고쳐 묶은 것이다. 칼럼의 특성상 시대 사회적 분위기를 염두에 두고 작성된 글이지만, 역사는 반복되고 진실은 여전하다. 그러므로 이 책의 독자들은 글쓴이의 시점으로 책을 읽되 현실과 미래에서 여전히 적용되는 진리와 같은 시대적 통찰을 발견하게 될 것이다.

목 차

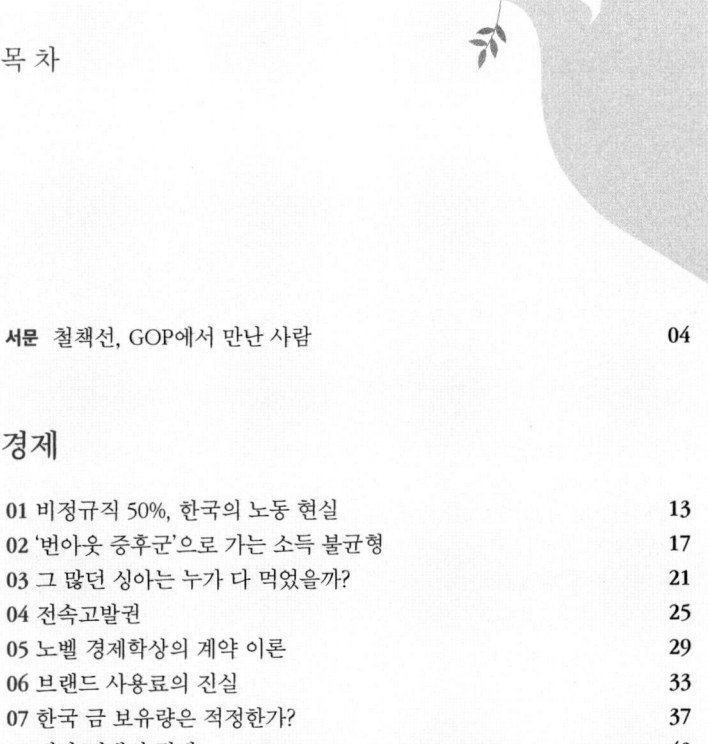

서문 철책선, GOP에서 만난 사람   04

Ⅰ. 경제

01 비정규직 50%, 한국의 노동 현실   13
02 '번아웃 증후군'으로 가는 소득 불균형   17
03 그 많던 싱아는 누가 다 먹었을까?   21
04 전속고발권   25
05 노벨 경제학상의 계약 이론   29
06 브랜드 사용료의 진실   33
07 한국 금 보유량은 적정한가?   37
08 재난 시대의 경제   43
09 수소 경제 시대   48
10 한국 기업, M&A 전략이 없다   53
11 소득 양극화, 낙수 효과는 없었다   57
12 한국 경제, 규제의 늪을 벗어나야   61
13 소득주도성장 비판   66

Ⅱ. 외교

14 유민의 시대, 디아스포라의 한국   73
15 국가 신용 등급의 실상과 허상   76
16 중국의 사드 보복과 스모그 경제   80
17 미·중 전쟁, 오래된 미래   84
18 한국은 일본에 어떤 나라인가?   89
19 북한의 경제난과 식량 위기, 어느 정도인가?   94

III. 환경

20 기후 변화와 바이러스 위기	101
21 신新기후 체제 시대의 대응	106
22 숲 치유를 통한 통일의 미래	110
23 한국 숲, 성장의 한계에 왔다	114

IV. 미래

24 정말 숨 막히는 세상	121
25 여성으로의 권력 이동	125
26 아무르	129
27 청년 보고서	134
28 청년 실업 시대의 세니오르 오블리주	138
29 한국, 세계 2위 노인의 나라	142
30 특권 추구 구조에 갇힌 한국	146
31 인구 재앙 시대의 이민 정책	150
32 구조화된 청년·고학력 실업	154
33 수퍼플루이드 시대	158
34 스튜어드십 코드	162
35 고사 위기의 한국 관광	166
36 대기업의 공익 법인과 사회 공헌	171
37 한국, 리더십의 위기	175
38 앙상블 리더십	179
39 더 좋은 세상 만들기	183

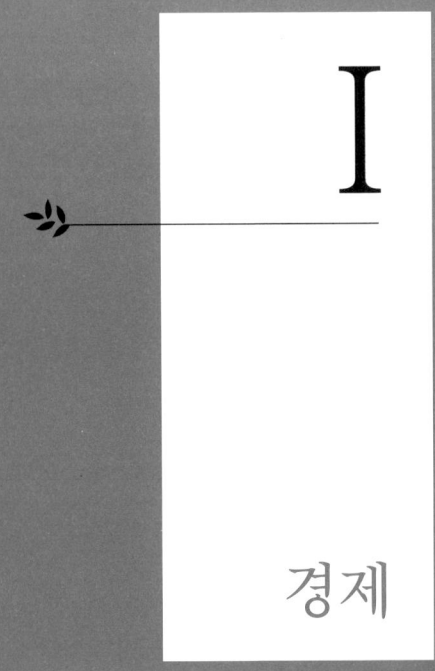

I

경제

한국 경제는 빠른 성장에도 불구하고 노동시장 구조의 불안정, 심화되는 소득 양극화, 그리고 규제 문제 등 복합적 도전에 직면해 있다. 비정규직 비율이 50%에 달하며, 이는 노동자들의 고용 불안과 '번아웃 증후군'을 유발하는 주요 원인이다. 또한 낙수 효과가 부재한 현실에서 소득 불균형은 사회 전반의 불만과 경제적 불안정을 심화시키고 있다. 전속고발권과 같은 제도적 문제, 노벨 경제학상 수상 이론의 실제 적용, 브랜드 사용료 및 금 보유량 등 다양한 경제 현안도 지속적으로 논의되고 있다. 미래를 대비한 재난 경제와 수소 경제로의 전환, 그리고 기업의 경쟁력 강화를 위한 M&A 전략 부재 문제 등은 한국 경제가 풀어야 할 숙제로 남아 있다. 규제 완화와 혁신 촉진을 통해 지속 가능한 성장 기반을 마련해야 한다.

01

비정규직 50%,
한국의 노동 현실

세월호 침몰 사고를 경험하면서 '선장과 선원들의 무책임', '관피아관료+마피아의 부패 구조가 불러온 참사', '실질적 소유주의 부실 경영' 등 원인 규명과 책임 공방이 한창 벌어졌다. 특히 세월호 선장과 선원들이 여론의 뭇매를 맞았다. 그러나 정작 주목했어야 할 사항인, 선원들 대부분이 비정규직 저임금 노동자였다는 점은 논점에서 비켜갔다. 세월호 15명의 선원 중 2/3에 해당하는 9명이 비정규직인 것으로 밝혀졌다. 선장 역시 월급 270만 원의 비정규직이었고, 전체 선원들의 한 달 급여는 평균 200만 원도 채 되지 않았다.

당시 우리 사회는 그들에게 목숨을 걸고 인명을 구조해야 할 본분을 다하지 않았다고 꾸짖었다. 직업 윤리를 앞세워 장렬히 죽음을 맞았어야 한다고 말했다. 물론 그 직을 맡은 이상 본분을 다하는 것이 마땅하다. 그들을 비호할 생각은 없다. 그러나 그들이 취한 행태는 단순한 무책임의 수준을 넘는 것이었다. 언론 보도를 통해 전해진 그들의 표정에 참회하는 기색이 별로 없었기에 더욱 그랬다. 어떻게 300명이 넘는 생명을 산 채로 수장시키고도 저토록 무덤덤할 수 있을까, 의구심을 지울 수 없었다.

필자가 모기업 CEO로 재직하던 시절, 40대 후반의 한 직원이 찾아와 자신의 명함을 내밀며 울분을 토했던 일이 떠올랐다. 그가 보여준 명함에는 회사 이름과 자신의 이름만 있었고, 직함은 없었다. "저는 임시직입니다. 대학을 졸업하고 20년 가까이 이 직장을 다녔습니다. 정규직과 똑같은 일을 더 많이 하면서도 월급은 200만 원이 채 안 됩니다. 언제 잘릴지도 모릅니다. 이 회사를 저주합니다." 그의 눈빛은 분노와 절망 그 자체였다. 꿈이 없는 삶은 얼마나 고통스러운 것인가. 그때부터 나는 임직원을 설득해 비정규직의 정규직 전환을 추진하기 시작했다. 세월호 사건 초반, 처음 접했던 선원들의 표정에서 나는 바로 그 무력감을 읽을 수 있었다.

혹시, 그들의 가슴속에는 세상을 향한 저주와 분노가 도사리고 있었던 것은 아니었을까? 고도성장과 경제 선진국 진입을 목표로 달려온 우리 사회가 놓쳐버린 것이 바로 그것이었는지도 모른다. 배려와 감사의 마음을 잃어버린 사회. 존경과 신뢰, 헌신과 봉사의 마음도 감사에서 비롯된다. 감사의 마음이란 인간이 신앙적 성찰과 수양을 통해 도달할 수도 있지만, 대부분은 하나의 인격체로서 보상과 예우를 통해 인정받을 때 느끼는 자존감의 반응이다. 당시 우리나라 전체 노동자 중 비정규직은 약 900만 명으로 절반을 차지했다. 임시직 비율은 OECD 평균의 두 배가 넘었다. ^한국고용노사관계학회 보고^ 한국고용노사관계학회의 보고에 따르면, 우리는 OECD 국가 중 비정규직 비율 1위, 노동 시간도 2,300 시간으로 1위를 기록했다.

'세월호 사건'은 한국 사회의 총체적 비리와 부패의 연결고리가 만들어낸 결과물이다. 건강한 국가를 만드는 일은 '국가개조론'과 같은 실현 불가능한 거대 담론으로는 이룰 수 없다. 설사 제도적으로 부패의 고리를 차단했다 하더라도, 현장을 지키는 노동자들이 몸을 던져 자신의 책임을 다하지 않는다면, 모든 것은 헛수고다. 제2, 제3의 세월호 사건은 언제든 다시 일어날 수 있다. 노동자들이 자신이 하고 있는 일에서 꿈과 희망, 그리고 보람이라는 보상을 누릴 수 있을 때에만 그런 비극을 막을 수 있다. 이윤 극대화라는 경제 논리 앞에서 노동자는 비정규직이라는 비용 절감의 돌파구로 전락할 수밖에 없다. 비정규직 노동의 현실을 바로 보았을 때에야 건강한 공동체를 만들 수 있는 길이 열린다. 누군들 멋진 마도로스 복장을 벗어 던지고 싶었겠는가? 그 유니폼이 실질 없는 허울이자, 죽음의 사지로 내모는 미끼였다면, 해법은 존재하지 않는다.

1. 비정규직 노동자의 고용 불안과 저임금이 개인의 직업 윤리와 책임감에 어떤 영향을 미칠까? 사회는 이 문제를 어떻게 해결해야 할까?
2. '세월호 사건'과 같은 참사는 단순한 개인의 무책임 문제일까, 아니면 구조적·제도적 문제의 결과일까?
3. 한국 사회에서 비정규직 문제 해결을 위한 효과적인 정책과 기업의 역할은 무엇이어야 할까?

02

'번아웃 증후군'으로 갔던 소득 불균형

　한국자산관리공사는 기초 생활 보장 수급자 기초수급자 등 소득이 없던 특수 채무자들을 대상으로 원금을 70%까지 탕감해 주는 채무조정제도인 '행복기금'을 운용하고 있었다 2014. 탕감 대상이던 262만 명의 채무자 중 약 90%가 빚을 탕감해 주겠다는 권유에도 응답하지 않거나 "놔두세요, 그냥 빚더미에서 살게요"라는 반응을 보였다고 한다. 한마디로 자포자기의 삶이다. 이것은 정신 의학에서는 에너지를 모두 소진한 탈진 상태의 현상, 즉 '번아웃 증후군 Burnout Syndrome'으로 진단된다. '번아웃 증후군 Burnout Syndrome' 같은 '자포자기 증후군'이 사회 전반으로 확산된다면 우리의 미래는 어두울 수밖에 없다.

국민소득GNI 3만 달러 시대지만, 서민들이 체감하는 삶의 질은 별반 달라지지 않았다. 한국은행에 따르면, 당시 최근 5년간 기업의 가처분 소득 증가율은 가계의 3배를 넘었다. 코스피 상장기업의 부채 비율도 2012년 92.7%에서 이듬해 88.2%로 4.5% 하락했다. 1월 당시, 공기업을 포함한 전체 기업이 보유한 현금은 503조 원으로, 전년보다 27조 원이 증가하였다2014. 이는 같은 해 정부 예산 358조 원의 1.4배에 해당하는 수치였다. 반면, 가계에 돌아간 실질임금 상승률은 0%에 불과했다. OECD의 국가별 GNI에 대비한 가계의 '처분 가능 총소득PGDI' 비중은 사실상 꼴찌 수준이었다.

가계와 정부의 부채는 갈수록 증가한 반면, 기업의 금고는 더욱 넉넉해졌다. 문제는 이 돈이 돌지 않고 잠겨 있었다는 점이었다. 성장의 과실이 고용을 통해 가계 소득으로 흐르지 못하고 있었다. 부의 불균형은 곧 힘의 불균형으로 이어졌고, 정부마저 기업의 눈치를 보며 투자를 읍소해야 하는 상황에 몰렸다. 이는 시스템의 위기였다. 기업은 투자를 망설였고, 개인은 빚 때문에 소비할 여력이 없었다. 경기는 더욱 위축되었고 구매력은 살아나기 어려운 구조가 되었다. 이는 모두 쇠락을 향해 가는 악순환 사이클vicious circle의 시작이었다.

세계은행이 122개국의 2010년 소득 계층 분포 통계를 분석한 결과, 세계 인구의 1/3에 해당하는 34%, 약 24억 명은 하루에 2달러도 벌지 못하고 있었다. 「파이낸셜타임스」, 2014년 4월 13일 자. 나라별 물가 수준이 달라 단순 비교는 어렵지만, 하루에 2달러 이상을 벌면 중산층으로 분류된다. 연간 소득 80만 원 수준이다. 더 안타까운 것은, 가까스로 중산층의 경계에 서 있던 약 10억 명이 '미끄러운 사다리 slippery ladder'에 매달려 빈곤층으로 추락할 위기에 놓여 있다는 점이다. 이들이 사다리에서 손을 놓을 수밖에 없는 상황은 시시각각 다가오고 있다. 서민 가계는 점점 말라가고, 정부도 재정 적자에 허덕이며 소득 불균형은 정점으로 향해간다.

　소득 분배 경제학의 대가였던 토마 피케티 Thomas Piketty 파리경제학교 PSE 교수는 "열심히 일해 버는 돈보다 돈이 돈을 버는 속도가 훨씬 빠르다. 이 문제는 현재의 자본주의 체제에서는 단기간에 바꾸기 어려운 트렌드"라고 지적했다. 따라서 그는 "강력한 정책 의지를 구현할 수 있는 세제 개혁만이 소득과 부의 공평한 배분을 실현할 수 있다"며 신분 이동의 사다리로서 '부유세 wealth tax'의 도입을 주장했다. 한마디로 응급 수혈이 필요한 상황이라는 진단이었다. 당시 피케티의 해법은 점점 더 설득력을 얻어가고 있다. 자금이 넘치는 곳에서 세금으로 재정을 충당하고 복지 체계를 구축하는 응급조치의 필요성에 공감하는 분위기가 확산된다. 그러나 만일 분노의 열정마저 사라진 자포자기의 '번아웃 증후군'이 계속 확산된다면, 공동체의 미래는 절망적일 수밖에 없을 것이다.

1. 왜 소득 불균형은 '번아웃 증후군'과 같은 심리적 탈진으로 이어질까? 사회와 개인은 이를 예방하기 위해 어떤 노력을 해야 할까?

2. 기업이 사내에 현금을 쌓아두고 투자를 주저하는 현상을 어떻게 봐야 하는가? 경제 시스템 차원에서 이를 해결할 수 있는 정책 수단은 무엇일까?

3. '부유세'나 자산 과세는 소득 불균형 문제 해결에 실효성이 있을까? 사회적 합의 없이 실행 가능한 정책인가?

03

그 많던 싱아는 누가 다 먹었을까?

 한국은행 자료 2013. 11. 25. 에 따르면, 당시 한 해의 경제 성장률은 2.8%, 1인당 국민소득 GNI은 2만4044달러로 전망되었다. 전년도 2만2700달러보다 5.9% 증가한 수치였다. 원화 가치의 상승, 즉 환율 하락의 효과가 크게 작용한 것으로 분석되었다. 우리나라는 2007년 2만1632달러를 넘어섰다가, 2008년 글로벌 금융 위기의 소용돌이에 말려 다시 주저앉기도 했다. 이후 7년째 2만 달러대에 머물렀다 2014. 이웃 나라 일본은 2만 달러대에서 3만 달러를 넘는 데 5년, 4만 달러를 넘는 데는 3년이 걸렸다. 한마디로 성장의 정체기가 너무 길었다.

 문제의 심각성은 그 성장마저도 재벌 그룹과 소수 고소득층에 집중되면서, 소득 계층 간의 양극화가 갈수록 커졌다는 점에 있었다. 소득 분배 상황을 보면 그 양상이 보다 명확했다. 통계청의 소득 분배 5분위 배율 지표에 따르면, 고소득층 5분위 계층의 가처분 소득은 저소득층 1분위 계층의 5.05배로, 전년의 4.98배보다 더 벌어진 것으로 나타났다 2014. 가계 부채의 증감을 살펴보면 더욱 뚜렷한 차이를 볼 수 있었다. 고소득층의 빚은 1년 전보다 줄어든 반면, 저소득층의 부채는 24.6%나 증가한 것으로 조사되었다. 성장의 과실이 한쪽으로 쏠리면서, 대다수 서민과 저소득층은 빚만 늘어나는 현실에 처했다.

당시 한국 경제의 건강성은 여러 면에서 위험 수위를 넘어서고 있었다. 극소수 재벌을 제외한 대다수 기업, 특히 중소기업들은 서민들의 고단한 삶과 닮은꼴이었다. 부의 극단적 '쏠림화'로 인해 사회 구성원의 대다수는 정체 상태이거나 빈곤의 나락으로 추락해 가고 있었다. 우리나라의 빈곤율은 16.5%로, 경제협력개발기구 OECD 34개 회원국 중 여섯 번째로 높은 수준이었다 2014.

빈곤 상태가 장기화될 경우, 그 사회는 지속 가능성마저 위협받을 수 있다. 하버드대 경제학 교수인 센딜 물라이나탄은 저서 『결핍』에서 "빈곤한 사람은 사고 능력이 저하되고 당장의 긴급한 일에만 관심을 집중하게 되어 빈곤의 악순환에 빠진다"는 사실을 실험적으로 입증했다. 더 중요한 사실은, "불평등과 가난이 장기화될 경우, 그 현실에 순응하는 방향으로 행동 패턴이 바뀐다"는 점이다. 한마디로 빈곤의 구조화다. 미래에 대한 비전을 가질 수 없기 때문에, 새로운 꿈을 향한 창조적 도전도 사라지게 된다는 설명이다.

센딜 물라이나탄은 빈곤의 악순환을 끊는 방법으로, "빈곤층에게 책임을 묻기보다는 가난에서 벗어날 수 있도록 하는 사회적 노력과 정책이 중요하다"고 역설한다. 공공의 몫이 크다는 것이다. 개인이 아무리 발버둥쳐도, 사회 구조적 빈곤에서 벗어나는 일은 사실상 불가능했기 때문이다. 본질적으로 발전과 성장의 동력은 서민 대중으로부터 나온다. 성장 정체가 장기화되고, 그 과실마저 소수가 독점하는 현실에서 우리는 결코 이 시사점을 간과할 수 없다. 비전 없는 국가와 사회는 한마디로 미래도 없다.

경제가 어렵다는 아우성이 가득했던 시기에도, 경상수지 흑자는 연이어 기록 경신을 이어갔다. 당시 경제 성장률은 2.8%로 외형상 낮아 보였지만, 실제로는 소수에 집중되었기 때문에 역설적으로 고도성장이나 다름없었다. 결국 그것은 그들만의 잔치였다. 소비자물가 상승률은 3개월 연속 0%대에 머물렀다. 그런데도 서민들의 살림살이는 나아지지 않고 계속 어려워졌다. 한국개발연구원KDI은 이를 수요 부족에 따른 저물가 현상으로 분석했다. 한마디로 돈이 없어 소비를 하지 못하니, 물가도 오르지 않는다는 뜻이다. 도대체 성장의 과실은 어디로 갔단 말인가? 언제까지 서민은 그들만의 잔치에 초대받지 못한 손님으로 머물러야 할까. 박완서의 소설 제목이다. '그 많던 싱아는 누가 다 먹었을까?'

1. 경제 성장률이 상승하는 와중에도 서민의 삶은 왜 나아지지 않았을까? '성장의 과실'이 소수에 집중되는 구조적 원인은 무엇인가?

2. 빈곤의 구조화가 한 개인의 삶과 공동체의 미래에 어떤 영향을 끼칠 수 있는가? 이를 방지하기 위한 정책적·사회적 대응에는 어떤 것이 있을까?

3. '그들만의 성장'이 아닌, 모두가 참여하고 혜택받는 포용적 성장 모델은 어떻게 구현할 수 있을까? 현재의 한국 사회는 그 방향으로 가고 있는가?

04

전속고발권

'경제 검찰'로 불리는 공정 거래위원회의 불공정 거래 기업에 대한 고발권이 한때 개혁의 도마에 오른 생선 처지가 되었다. '전속고발권'으로 불리는 이 경제 권력은 기업이 불공정 거래를 일삼더라도 공정 거래위원회의 고발이 있어야만 검찰이 기소할 수 있는, 사실상 준사법권準司法權이다. 이 제도는 1980년부터 도입되었다. 제도 도입의 취지는 기업의 불공정 거래에 대한 고발권 남용을 제한함으로써 기업의 경영 활동이 위축되는 것을 막겠다는 것이었다. 즉, 고발권을 제한하지 않으면 일반 시민 단체나 소액주주, 경쟁 사업자까지도 고발권을 남용해 기업이 줄소송에 휘둘릴 수 있다는 우려였다. 기업이 자유롭게 경영 활동을 하지 못하게 될 것이라는 걱정이 반영되었던 것이다. 해당하는 공정 거래 관련 법률은 공정 거래법, 하도급법, 대규모유통업법, 표시광고법, 가맹사업법 등이었다. 쟁점은 공정 거래위원회가 독점해 온 고발권이라는 생선을 어떻게 나눌 것인가였다.

가장 강력하게 제기되었던 안은 이 독점권을 폐지하는 것이었다. 아예 칼자루를 빼앗겠다는 것이었다. 다음으로 제시된 방안은 '전속고발권'을 이해 당사자인 몇몇 기관이 나누어 갖자는 것이었다. 과점寡占 권력으로 약화시켜 분산하자는 의견이었다. 전자는 대통령 선거를 앞두고 대통령 예비후보군에서 나왔던 의견이었고, 후자는 그동안 독점적 권력을 행사해 온 공정위가 내놓았던 입장이었다. 공정위의 고발권을 그대로 두되 고발 요청의 주체를 넓히자는 것이었다. 그 배경에는 더 이상 독점권을 주장하기 어려운 경제 환경의 변화가 있었다. 다 지키려다가 전부 잃을 수 있다는 '수성 전략'도 포함되어 있었다. 과점의 대상으로는 중소기업과 상공인 단체인 중소기업중앙회와 대한상공회의소가 거론되었다. 소송 대응 능력이 취약한 중소기업 상공인이 피해자로 몰릴 수 있는 상황을 예상한 조치였다. 명분은 그럴듯했다.

공정위가 도입했던 '의무 고발요청제'의 성과에서도 그 진위를 확인해 볼 수 있다. '의무 고발요청제'는 공정위가 전속고발권이라는 독점적 지위를 보완하는 명분으로 2014년에 도입한 제도이다. 검찰, 감사원, 조달청, 중소기업청 등이 불공정 거래 행위에 대해 고발을 요청하면 공정위가 의무적으로 고발하도록 한 제도다. 그러나 그동안의 고발 요청 기업군을 보면 공정위의 주장은 설득력을 갖기 어려웠다. 2013년부터 2015년까지 공정위에 의무 고발을 요청한 기업의 수는 모두 8,097개였고, 이 중 대기업 집단 소속은 15.7%인 1,273개 기업이었다. 나머지 84.3%인 6,824개 기업은 중소, 중견기업이었다. 따라서 중소·중견기업을 불공정 거래 고발의 남용으로부터 보호하기 위해 전속고발권을 관련 단체로 넓히겠다는 주장은 설득력을 잃었다.

공정위는 발상의 대전환을 할 필요가 있다. 진정으로 중견·중소기업을 보호하고자 한다면, 공정위와 중소기업중앙회, 대한상공회의소가 중견·중소기업에 대한 전속고발권을 공동으로 행사하는 것이 바람직할 것이다. 소송 대응 능력이 충분한 대기업에 대해서까지 공정위가 독점권을 행사할 필요는 없다. 오히려 대기업에 대한 전속고발권은 폐지하는 것이 타당하다. 정확한 통계는 확인할 수 없지만, 아마도 공정위에 직접 신고된 공정 거래 위반 고발 건수의 비율에서도 중소기업과 대기업 간의 차이가 크게 나지 않았을 것으로 추정된다. 공정위가 폭주하는 업무 속에서도 대기업에 대해서까지 소송 남발을 걱정할 필요는 없을 것이다. 정치권도 치밀한 검토 없이 전속고발권 폐지만을 주장할 것이 아니라, 불공정 거래를 효과적으로 차단하는 방안을 찾기 위해 지혜를 모으고 대안을 제시하는 것이 우선되어야 한다.

1. 전속고발권이 기업의 경영 자유를 보장하기 위한 제도로 도입되었지만, 실제로는 대기업에 유리하게 작용해 불공정 거래를 방치했다는 비판에 대해 어떻게 생각하는가?
2. 공정위의 독점적 고발권을 완전히 폐지하는 것과, 일부 기관이나 단체와 분산하는 과점형 고발권 체제로 전환하는 것 중, 어느 방안이 중소기업 보호에 더 효과적일까?
3. 불공정 거래를 실질적으로 억제하고 피해 기업을 보호하기 위해 필요한 제도적 보완책이나 새로운 접근 방식에는 무엇이 있을까?

05

노벨 경제학상의 계약 이론

　2016년 노벨 경제학상의 테마는 '계약 이론contract theory'이었다. 계약 이론 정립에 공헌한 올리버 하트 하버드대 교수와 벵트 홀름스트룀 미국 MIT 교수가 공동 수상자였다. 계약은 시장 경제 체제에서 현대인의 일상에서 끊임없이 반복될 수밖에 없는 법률적 행위다. 이 같은 법률 행위가 경제 이론으로 발전해 노벨 경제학상 수상의 영예를 안았다. 계약은 이해 당사자 간의 책임과 의무에 대한 청약과 동의를 전제로 쌍방 간의 합의에 의해 성립한다. 따라서 계약 행위는 법적 구속력을 가진다. 매매, 고용 등 모든 경제 행위 역시 책임과 의무, 채권과 채무 관계를 성립시킨다. 이렇게 일상적으로 이루어지는 경제 활동인 계약이 어떻게 이론적으로 정비되어 노벨 경제학상을 받게 되었는지 궁금하다.

자유 시장 경제 체제에서 계약이라는 법률로 규정되지 않는 경제 행위는 없다. 서류가 아닌 말이나 행위로 표현하는 계약도 계약으로 인정된다. 예를 들면 길거리에서 택시를 타기 위해 손을 드는 행위는 탑승을 제안하는 청약의 법률 행위고 승객 앞에 정차하는 행위는 동의의 뜻을 표시한 법률 행위다. 이렇듯 현대 사회의 거래는 다양한 방식의 의사 표시를 통해 성립되며 이행 또는 파기로 나타나고 그에 따른 책임과 의무가 부과된다. 계약 이론은 2008년 글로벌 금융 위기를 불러온 파생금융상품 거래가 중요한 발단이었다. 이 여파는 '리먼브러더스'라는 세계 초대형 금융 회사를 파산으로 몰고 세계 경제를 얼어붙게 했으며 수많은 금융 회사와 거래 기업이 도산했다. 그럼에도 최고경영자 등 경영진이 받은 엄청난 보상에 대한 책임을 묻지 못했다. 계약 이론이 심화되는 계기였다.

하트와 홀름스트룀 두 교수의 계약 이론은 채권자와 채무자, 사용자와 피고용자 등 경제 행위를 하는 주체들 간의 의사 결정 과정 책임 배분을 분석하는 데 주목했다. 각종 금융 거래 등 경제 행위의 책임 관계 분석을 가능하게 했다. 뿐만 아니라 사용자와 피고용자의 경제 활동 및 그 성과를 종합적으로 분석할 수 있다. 그렇지만 계약의 한계는 모든 경제 행위를 구체적으로 계약의 틀

안에 담을 수 없다는 점이다. 예를 들면 계약서에 나와 있지 않는 새로운 직무나 예상 밖의 돌발적으로 발생한 일은 책임과 의무 관계를 규정하기 어려운 경우가 많다. 이때는 조직 내에서 직위와 직급에 부여되는 지배 구조, 즉 거버넌스governance로 권한과 책임 관계를 규명한다. 이는 불완전할 수밖에 없는 계약 툴을 권력 분담 계약Power Distribution Contract으로 풀어 분석하는 준거를 제공한다.

현대인의 삶은 계약의 연속이다. 그렇지만 모든 경제 행위를 계약으로 명문화하는 것은 불가능하다. 계약 이론은 하나의 계약 행위를 통해 명문화가 불가능한 연관 직무에 대해서도 책임 관계를 풀어낼 수 있게 한다. 나아가 불분명한 책임 관계를 이용한 불공정한 성과의 배분이나 책임의 회피도 이론의 틀로 묶어 낸다. 이를테면 금융 거래에서 책임 소재가 불분명한 파생상품을 만들고 종국에는 거래 관계의 약자에게 책임을 씌우는 계약들이 그것이다. 2008년 금융 위기의 실체였다. 계약 이론은 제한적, 소극적으로 해석했던 계약 행위의 한계를 극복하려는 시도다. 광범위한 분석 틀을 만듦으로써 사법적 판단에도 큰 영향을 미칠 수 있다. 여기에 노벨 경제학상이라는 권위를 부여한 의미는 무엇일까? 복잡한 계약의 틀에 갇힌 경제적 약자를 보호하기 위한 시대적 요구가 아니었나 싶다. 계약 이론은 아직 진화 중이다.

1. 계약 이론이 경제 활동의 책임과 의무를 명확히 하는 데 기여했다고 평가되는데, 실제 기업 경영이나 고용 관계에서 어떤 방식으로 활용될 수 있을까?
2. 계약서로 명시되지 않은 돌발 업무나 예상 밖의 상황에 대해 권한과 책임을 분배하는 '거버넌스' 방식은 과연 공정한가? 어떤 한계가 있을까?
3. 2008년 글로벌 금융 위기처럼, 계약의 복잡성을 악용해 약자에게 책임을 떠넘기는 관행을 막기 위해 사회나 정부는 어떤 역할을 해야 할까?

06

브랜드 사용료의 진실

　공정 거래위원회는 자산 5조 원 이상의 대기업 브랜드 사용료 상표권 수수료 실태를 발표했다 2018. 공정위에 따르면 20대 재벌 지주 회사는 277개 계열사 자회사로부터 받은 브랜드 사용료가 2016년 한 해 동안 약 1조 9314억 원에 달했다. 2014년 8655억 원, 2015년 9256억 원으로 매년 늘어나는 추세였다.

　지주 회사 또는 지주사는 어떤 권리로 자회사로부터 브랜드 사용료를 받았을까? '독점 규제 및 공정 거래에 관한 법률'에 따르면 지주 회사는 자산총액 5천억 원 이상인 회사로서 자산총액 중 자회사 주식가액의 합계 비율이 50% 이상이면 그 요건을 충족한다. 절대적 지배권을 갖는 지주 회사 요건이다. 모회사라 부르기도 한다. 직접적인 기업 활동을 하지 않고 자회사에 대한 경영을 감독하는 등으로 브랜드 사용료, 컨설팅, 교육 등 용역비를 수익 기반으로 삼는다.

지주 회사제 도입은 1997년 한국 경제가 IMF 관리 체제에 들어가고 부실 기업의 연쇄 부도로 경제 파탄을 경험한 것이 배경이었다. 기업 집단 내의 회사들이 상호 지급 보증을 하면서 건실한 기업까지 줄도산하는 사태가 일어났던 것이다. 지주사는 자회사의 지분을 소유하고 자회사를 병렬식으로 지배한다. 자회사끼리는 상호 간에 지급 보증을 할 수 없다. 또한 지주사는 절대로 부채 비율이 200%를 넘어서는 안 된다. 지주사가 빚을 내 자회사에 대한 지배권을 갖지 못하도록 하기 위한 장치다. 지주사는 자회사 중 어느 한 회사에 문제가 생기면 그 회사만 포기하면 된다. 그러나 지주 회사제 도입 취지는 좋았다. 지주 회사제가 확산하면서 그 맹점을 남용하는 사례들이 급증하고 있다. 지주사를 1대 주주의 이익을 극대화하는 데 활용하는 것이다. 그 대표적인 사례 중 하나가 바로 브랜드 사용료 징수다.

지주사는 원칙적으로 자회사에 지배적 지분을 보유하고 있다. 그렇기 때문에 자회사로부터 얻는 수익은 경영 실적에 따른 배당

금, 주식 가치의 평가 차익 등이 주된 수익원이 되어야 한다. 그럼에도 브랜드 사용료 같은 1대 주주의 기득권을 활용한 수익 창출이 점차 높은 비중을 차지하는 양상이다. 2016년 기준, 브랜드 수익이 2000억 원을 넘는 그룹도 LG, SK 등 두 곳이었다. 브랜드 사용료를 받는 20개 회사 중 13곳은 1대 주주 일가의 지분이 30%를 넘었다. CJ 등 상당수 대기업 집단의 지주사가 매출액의 절반 이상을 브랜드 사용료로 채우고 있었다. 브랜드 사용료에 대한 적정성을 평가하고 정하는 법적 기준이 없었기 때문이다. 브랜드를 지주 회사의 수익 창출 도구로 활용하도록 방치해서는 안 된다. 브랜드는 대주주의 독점적 전유물이 아니다. 브랜드는 가치 창출에 기여한 공동체 모두의 자산이다.

브랜드 평판과 가치는 하루아침에 이루어지지 않는다. 브랜드는 '특정의 제품이나 서비스에 대해 제조자 또는 판매자가 다른 상품이나 서비스와 구별하기 위해 이름, 기호, 문자, 도형 또는 기타 요소를 유·무형으로 이미지화한 상징에 가치를 부여한 것'이다. 때문에 브랜드의 가치를 통해 창출하는 이익은 지주사의 독점이 될 수 없다. 대주주의 이익 창출의 수단이 되면 위험한 이유는 많다. 아무리 높은 평판과 가치를 가진 브랜드라 해도 특정인의 이익을 옹호하는 도구로 남용될 경우 그 평판은 순식간에 무너질 수 있다. 현대나 롯데가 아직 브랜드 사용료를 받지 않고 있었던 연유도 이 같은 브랜드 사용료의 진실을 알고 있었기 때문이 아닐까. 브랜드 가치는 대주주의 전유물이 아닌 기여 관계자의 공적 자산이라는 관점에서 그 이익의 귀속을 판단해야 한다.

1. 브랜드 사용료를 지주 회사의 수익원으로 삼는 관행은 기업 윤리와 공정한 분배의 관점에서 정당한가?

2. 브랜드 가치 형성에 기여한 자회사와 구성원들이 있다고 할 때, 브랜드 사용료의 적정한 책정과 분배를 위한 기준은 어떻게 마련되어야 할까?

3. 브랜드 사용료가 1대 주주의 사익을 강화하는 수단으로 전락할 경우, 어떤 사회적·경제적 부작용이 발생할 수 있는가?

07

한국 금 보유량은 적정한가?

　국제 금 선물 가격은 1온스oz당 2021달러242만 원, 2020년 8월 기준를 돌파하며 고공 행진을 이어갔다2020. 금 1온스는 28.35g이었다. 1돈이 3.75g이니 7.6돈에 해당하는 가격이었다. 1돈당 약 32만 원인 셈이었다. 어린아이 첫돌에 선물하던 금가락지 한 돈이 32만 원을 돌파했고 계속 오르는 추세였다. 연초에 비하면 35% 가까이 오른 수치였다. 골드러시였다. 19세기 캘리포니아주 아메리칸강 지류에서 금이 발견되면서 사람들이 몰려든 현상을 골드러시gold rush로 표현했다. 세계는 당시 금 매입에 집중하고 있었다.

　세계금협회WGC에 따르면, 당시 한 달 동안 상장지수펀드ETF

들이 금에 투자한 금액만 74억 달러약 8조8천억 원에 달했다. 전 세계의 금 보유 현황2020을 보면 미국이 8407t으로 1위였다. 2위는 3483t의 독일, 3위는 2534t의 이탈리아, 4위는 2518t의 프랑스였다. 5위는 러시아로 2184t을 보유하고 있었다. 중국은 1904t으로 6위, 일본은 765t으로 8위였다. 한국은 104t으로 34위에 머물렀다. 유럽 연합EU 3개국을 합하면 8535t 미국을 제치고 1위가 되는 수치였다. 러시아와 중국은 금을 집중적으로 사들이고 있었다. 왜 이토록 금에 집착했을까?

금Au은 라틴어 'aurum빛나는 새벽'에서 유래했다. 그래서 원소기호는 Au다. 원자 번호 79번 원소다. 영어 gold, 독일어 Gold는 모두 산스크리트어에서 유래된 단어로 '빛난다'는 의미다. 형질은 바뀌어도 빛깔은 변하지 않는다. 공기나 물, 산화제도 금빛을 지우지 못한다. 몇천 년이 지나도 변하지 않아 약속의 징표로 여겨진다. 세계적으로 결혼식 예물로 금반지를 사용하는 이유도 이 때문이다. 고대 그리스에서는 금을 신으로 숭상하기도 했다. 당시에도 금은 권력과 부를 상징했다. 금의 힘은 불멸의 교환 가치에서 비롯되었다.

금이 화폐로 등장한 것은 기원전 31년이었다. 로마의 황제 아우구스투스는 '아우레우스'라는 금화를 만들었다. 로마 제국의 첫 공식 화폐였다. 이후 1252년, 이탈리아의 피렌체에서는 '플로린'이란 이름의 금화가 나왔다. 한때 유럽의 기축 통화로 쓰이기도 했다. 1816년, 영국은 금으로 화폐 가치를 정하는 금 본위제를 도입했다. 금 본위제는 화폐의 가치를 일정량의 금으로 고정해 화폐를 유통하는 제도였다. 금을 기준으로 화폐 가치를 고정했기 때문에 금과 화폐는 언제든지 교환할 수 있었다. 최초의 국제 금 본위 태환화폐는 영국 파운드였다.

1914년, 파운드화 금 본위 제도는 100년 만에 막을 내렸다. 영국이 제1차 세계 대전 전쟁 비용을 조달하기 위해 화폐를 남발하면서 통화 가치가 추락했던 탓이었다. 화폐와의 교환 비율 불균형으로 인해 금이 고갈되기에 이르렀고, 결국 금 본위제를 포기하게 되었다. 1944년, 국제 통화는 '달러 중심의 금 본위제'로 재정비되었다. 세계 44개국이 미국 뉴햄프셔주 브레턴우즈에서 도입을 결정하면서 '브레턴우즈 체제'가 출범했다. 달러 시대의 개막이었다. 미국 달러를 기준으로 한 금 본위 태환 제도는 27년간 유지되었다.

1971년, 미국은 금 본위제를 포기했다. 이 또한 전쟁 때문이었다. 1964년, 미국은 공산주의 남베트남민족해방전선NLF과 북베트남을 상대로 한 월남전에 돌입했다. 미국은 전쟁 비용을 조달하기 위해 국채를 발행했다. 전쟁이 10년 이상 장기화되면서 미국 국채 보유국들은 금으로 교환을 요구했다. 달러 가치 하락이 계속되자 미 중앙은행의 금은 바닥을 드러냈다. 1971년 8월, 닉슨 대통령은 금 태환 정지를 선언했다. 이른바 '닉슨 쇼크'로 금 본위제는 막을 내렸다.

1976년, 자메이카 수도 킹스턴에서는 '변동 환율제' 도입을 결정했다. '킹스턴 체제'였다. 변동 환율제는 각국이 통화 가치를 고정하지 않고 시장에 맡겨 변동하도록 허용한 제도였다. 단, 국제통화기금IMF 회원국의 85% 이상이 찬성할 경우에만 고정환율제를 선택할 수 있었다. 그렇지만 변동 환율 제도 완전하지 않았다. 각국의 통화 가치 변동이 심할 경우 일정 한도에서 통화 당국의 개입을 용인할 수밖에 없었다.

국제 금 본위 환율 제도가 퇴장한 지 44년이 지난 시점에 세계는 다시금 금 사재기에 열중하기 시작했다. 미국이 코로나19 바이러스와의 전쟁 비용을 조달하기 위해 달러를 무차별로 발행하면서 달러 가치에 대한 신뢰가 흔들리기 시작했다. 과거와는 다른 점도 있었다. 세계는 동시에 바이러스와의 전쟁으로 국경을 봉쇄했고, 이에 따라 동반 경기 침체에 빠졌다. 각국은 경쟁적으로 돈을 풀고 있었다. 어느 나라가 코로나와의 전쟁에서 승리해 패권 국가로 부상할지는 미지수였다. 금 사재기는 당분간 멈추지 않을 듯하다. 국제 통화 제도가 금 본위제로 회귀하는 것일까?

세계 기축 통화로서의 달러 영향력은 여전히 막강하다. 하지만 미국의 경기 회복이 지연되면 상황은 달라질 수 있다. 달러에 대한 믿음이 언제까지 유지될 수 있을까. 또 언제까지 기축 통화로서의 부담을 감당할 수 있을지 알 수 없다. 상위 20개국의 중앙은행이 보유한 금의 총량은 약 27,000t에 달한다. 미국과 EU를 합하면 그 비중은 약 2/3에 이른다. 각국이 통화를 남발해 화폐의 실질 가치가 계속 하락하면, 현재의 국제 통화 제도는 유지되기 어렵다. 미국과 EU, 중국과 러시아의 향후 행보가 주목된다. 세계는 '지구촌'이라는 우산을 접고, 블록화된 경쟁과 대결 체제로 전환할 가능성도 존재한다. 치밀한 대응이 필요한 시점이다. 한국의 금 보유량은 과연 적정한가?

1. 한국의 금 보유량104톤, 세계 34위은 경제 안보와 금융 시장 안정성 측면에서 적절한 수준이라고 볼 수 있는가?

2. 달러 중심의 국제 통화 체제가 흔들릴 경우, 금은 새로운 기축 자산의 대안이 될 수 있을까?

3. 전 세계가 다시 금을 비축하는 흐름 속에서, 한국이 금 보유를 확대하지 않을 경우 어떤 리스크가 생길 수 있을까?

08

재난 시대의
경제

    온 세계가 동시에 질병과 자연재해를 경험하고 있었다 2020. 2019년 말 중국에서 발원한 코로나19를 시작으로, 홍수, 태풍, 화재가 줄을 이으면서 삶의 터전은 초토화되고 있다. 세계 인류 문명사에서 이 같은 복합 재난의 소용돌이에 동시함몰 同時陷沒 되는 경험은 거의 없었다. 나라마다 상황이나 사정은 조금씩 달랐지만, 인간이 만드는 재앙까지 포함하면 그 차이는 크지 않았다. 재앙의 근원을 따져 보면 결국 하나의 지점으로 모이고 있다. 삶의 편리와 물질적 풍요를 지향하는 문명이다. 인간이 누리는 편익에 대한 비용이다. 당시 지구촌은 그 대가를 치르는 대혼돈, 카오스 chaos 의 시대에 놓여 있었다. 출구는 있을까?

당면한 현실 문제는 경제다. 세계 모든 **나라**는 재난이 가져온 죽음의 늪에서 빠져나오기 위해 머리를 싸매고 있었다. 수단과 방법을 가리지 않고 각자 살길을 찾아 몸부림치지만, 오히려 더 깊은 늪 속으로 빠져드는 형국이다. 민생의 생존은 발등에 떨어진 불이다. 통계가 이를 보여준다. 2020년 2분기 국민총소득GNI은 -2.2%로 12년 전 금융 위기 이후 최악이었다. GNI는 한 나라의 국민이 국내와 해외에서 벌어들인 임금, 이자, 배당 등 총소득을 의미한다. 경제 상황을 파악하는 주요 지표다. 민생의 어려움은 넘쳐나는 실업자 수로 확인된다. 2020년 7월 기준 실업자 수는 113만8000명으로, 이는 21년 전 국가 부도 상황이었던 IMF 관리 체제 이후 최고 수준이었다.

세계 각국은 경제를 살리기 위해 비상 처방을 내놓고 있었다. 정부 재정으로 돈을 풀어 경제를 부양하는 긴급 조치다. 미국 경제지 「월스트리트저널」WSJ은 2019년 IMF 자료7월를 인용해 선진국의 부채 비율이 128.2%까지 높아졌다고 보도했다. IMF의 조사 대상 선진국은 한국을 포함해 미국, 독일, 일본 등 39개국이었다. 이는 제2차 세계 대전 당시 전쟁 비용을 조달하기 위해 재정을 풀었던 1946년의 128.2% 기록을 뛰어넘는 수준이었다. 신흥국도 예외가 아니었다. 브라질, 베트남 등 신흥국들의 전 세계 GDP 대비 부채 비율은 62.8%로 역대 최고치를 기록했다. 반갑지 않은 신기록이었다. 재난으로 인해 최악의 상황에 빠진 세계 경제의 현실을 극명하게 보여주었다. 문제는 재난의 끝이 보이지 않는다는 점이다.

21세기형 재난은 일회성이 아니다. 일상화되고 있다. 재난은 단기적으로 국가의 생산 역량을 떨어뜨린다. 경제 생산 요소의 두 축인 자본과 노동의 총량을 잠식하고 있다. 통상적으로 자연재해는 국가 공동체의 기반 시설, 사회적 자본을 파괴한다. 국가 경제를 지탱하는 1인당 평균 자본량이 줄어들고 있다. 코로나19와 같은 감염병 재난의 피해는 인간에게 집중되었다. 노동생산성이 추락하고 있다. 1인당 생산성이 낮아지면서 경기는 침체로 빠졌다. 이 복합 재난 상황에서 고민해야 할 분야는 자본의 효율적인 배분이다.

앞으로 다가올 자연재해는 과거의 기준으로 건설된 사회 간접 자본을 무력화시킬 가능성이 높다. 새로운 기준의 사회 간접 자본 증설과 안전 기준이 수립되어야 한다. 이 기준에 맞춘 재정 투입을 통해 유효 수요를 창출하고 효익을 높일 수 있다. 감염병 재난도 마찬가지다. 코로나19를 넘어 새로운 바이러스가 일상화될 것이라는 전망이 우세하다. 장기적인 대비와 함께 감염병 예방과 치료 등 의약 산업에서 유효 수요를 창출하는 전략적 자본 투입이 중요한 시점이다. 민간의 자본 역량 동원도 중요하다.

세계 모든 나라는 동시에 '돈 풀기'에 나서고 있다. 이것은 새로운 표준이 되어가고 있다. 남은 과제는 인플레이션을 관리하는 일이다. 이에 대해 큰 문제가 없을 것이라는 전망도 존재한다. 당시 세계 어느 나라도 금리를 즉각 인상해 시중에 푼 돈을 회수할 경제 체력이 되지 않았기 때문이다. 말 그대로 뉴노멀New normal이다. 따라서 경기를 부양하기 위한 재정 지출은 상당 기간 계속될 것으로 보인다. 코로나19를 넘어 복합 재난이 계속되는 한, 어느 나라도 스스로의 힘만으로 이 위기를 벗어나기란 쉽지 않아 보인다. 한국도 예외는 아니다.

따라서 당시의 재정 투입을 과도한 국가 부채 증가라며 비난만 할 수는 없다. 그것은 비상 상황이었다. 대신 국가 재정은 소모적이고 단발적인 돈 뿌리기가 아닌, 생산성과 1인당 자본량을 키우는 데 집중되어야 한다. 언론은 그 같은 방향에서 '워치독'Watchdog, 감시 체제 역할을 해야 한다. 그 시점에서 인류의 삶을 지배하는 경제의 패러다임은 변하고 있다. 사람의 이동은 줄어들고 있다. 반면, 물자의 이동은 계속되었고, 더 확장될 가능성이 있다. 관광도 비즈니스도 '언택트'Untact, 비접촉 방식으로 전환될 수밖에 없다. 인터넷 정보통신망을 기반으로 인공 지능과 빅데이터를 활용하면 거의 모든 것이 가능해지는 시대였기 때문이다.

다만 예외적인 변수는 더 이상 시장을 확장할 수 없는 한계점에 도달한다는 점이다. 그 한계에 도달하면 인류는 다시 파괴를 통해 시장을 창조하려는 유혹과 도전에 직면할 수밖에 없다. 그 수단이 전쟁이 아니기를 바랄 뿐이다. 세계 곳곳에서는 위기를 통해 체제를 지탱하려는 '쇼크 독트린' 리더십의 유령이 맴돌고 있다. 국제 사회에서 건강한 주도권을 가진 리더십은 부재하다. 세계 경제의 본질적인 위기는 여기에 있다. 국제 사회가 리더십을 다시 세워 평화와 공존의 새 질서를 만드는 것이 관건이다.

1. 재난이 일상화된 시대에, '경제 성장'의 기준은 어떻게 바뀌어야 할까?
2. 재정 지출 확대는 비상 대응인가, 미래 세대의 부담인가?
3. 복합 재난 시대, 국제 사회의 리더십 공백을 채우기 위해 어떤 글로벌 거버넌스 체제가 필요할까?

09

수소 경제 시대

유럽 연합EU은 2050년까지 이산화탄소 배출량을 1990년 대비 80%로 줄이기로 했다2018. 1차로 자동차 연비 규제를 강화하고 이산화탄소 줄이기에 나섰다. EU 소속 국가들은 내연기관차의 판매를 금지하거나 단계적으로 축소하는 계획을 발표했다. 확고한 실천 의지였다. 탄소 배출의 주범이 자동차이기 때문이다. 동시에 수소 전기차가 대안으로 떠오르고 있다. 수소차는 수소 경제를 상징한다. '수소 경제Hydrogen Economy'란 용어는 경제학자이자 미래학자인 제레미 리프킨Jeremy Rifkin이 2002년 자신의 저서 『수소 경제』에서 처음 사용했다. 수소 경제란 '에너지 수요와 공급 가치 사슬 전체 영역에서 기존 화석 연료 대신 수소를 에너지 유통 수단Energy carrier으로 사용하는 경제 시스템'을 뜻한다.

산업 혁명 이후 석탄, 석유, 가스 등 화석 연료는 문명의 발전을 이끌어 온 핵심 에너지원이었다. 21세기에 들어 환경 오염 문제가 인류의 위기로 부상하면서 대체 에너지를 찾기에 나섰다. 2015년 세계에너지기구IEA는 화석 연료를 대체할 수 있는 미래 에너지로 수소를 지목하면서 주목받기 시작했다. 수소에너지가 인간 문명을 재구성할 새로운 에너지 체계라는 인식이 자리 잡기 시작한 것이다. 수소는 물의 전기 분해와 같은 다양한 경로를 통해 얻을 수 있다. 중요한 점은 수소가 지구 온난화의 주범인 탄소는 물론 질소산화물NOx, 황산화물Sox을 배출하지 않고, 공기 중의 미세 먼지를 95% 정화한다는 사실이다.

  수소차 시대는 도래할 수 있을까? 시장의 수요가 관건이다. 물밑에서는 수소차 주도권 경쟁이 치열하게 전개되고 있다. 일본은 '수소 2030 로드맵'을 제시했다. 동일본 지진으로 원전이 파괴되면서 에너지 자급률이 10% 미만으로 추락한 이후였다. 수소차의 경제성을 확보하기 위해 다양한 수소 공급 계획을 수립했다. 수소충전소를 2020년까지 1000개소 건설하겠다는 목표를 세웠다. 2030년까지 수소 전기차 100만 대 보급을 목표로 삼았다. 당시 토요타 수소차의 누적 판매량은 5300대, 2016년에 출시된 혼다 수소차는 2000대가 팔렸다. 중국도 2030년까지 수소차 100만 대와 충전소 1000기 건설을 공식화했다. 당시 중국에는 수소차를 생산하는 기업이 10여 개 존재했다. 1년 전에는 수소 버스 900대, 수소 트럭 200대를 생산했고, 그해에는 2000대를 넘겼다 2018. 충전소 확대를 위해 설치 비용의 60%를 지원했다. 보조금도 점점 늘려 나가겠다는 방침이다.

한국에서는 현대차가 1998년 수소차 개발을 시작했다. 2013년에는 세계 최초로 양산 체제를 갖추고 수소차 투싼ix를 선보였다. 2018년 3월에는 주행거리 609Km의 넥쏘를 출시했다. 당시 한국의 수소차 기술 경쟁력은 세계 최고 수준이라는 평가를 받았다. 그렇지만 투자에 비해 판매량이 저조해 경제성을 확보하지는 못하고 있다. 1000대 정도 팔리는 데 그쳤다. 소비자의 인식이 낮고 충전소 등 인프라가 부족했기 때문이었다. 2018년 6월, 현대기아차는 폴크스바겐그룹의 아우디와 수소전기차 관련 연료 전지 기술 협력을 체결했다. 아우디는 폴크스바겐그룹의 수소전기차 연구를 총괄했다. 두 제조사는 수소전기차 기술 확산과 시장 활성화를 위해 특허 등 주요 부품을 공유하기로 했다. 시장 선점과 기술 주도권 확보 차원의 협업이었다. 더 나아가 현대차는 '수소차FCEB 비전 2030'을 공개했다. 2030년까지 수소 분야에 7조6000억 원을 투자하겠다는 목표였다. 수소차 생산 능력은 연 50만 대로 확대되고, 5만1000명의 새로운 일자리가 창출될 것으로 예상했다.

정부 입장에서도 수소차는 한국 경제의 신성장 동력으로 삼을 수 있는 분야다. 한국 정부는 2018년 기준으로 1900억 원, 2019년에는 4200억 원 등, 2022년까지 총 2조6000억 원을 투자하기로 했다. 수소차 생산 공장 증설, 수소 버스 제작, 버스용 수소 저장 용기 개발 등에 민관 공동 투자가 이루어질 계획이다. 한국의 수소 경제 시대는 정부와 산업계의 협력이 성패의 분수령이 될 만큼 중요한 시점이다. 전략적 협업을 통해 수소 전기차와 수소충전소, 수소에너지 상용화 등 수소차 생태계를 구축해 나가야 한다. 기업의 힘만으로는 한계가 있다. 현대차가 계획대로 투자하고 정부가 충전소 설치 등 인프라 구축에 나서 준다면 미래는 밝을 수 있다. 한국이 세계 수소차 제조의 표준이 될 수 있다. 그 표준의 자리는 기술 개발의 선도 국가가 누릴 수 있는 최고의 혜택이자 특권이다. 수소 경제 시대를 한국이 주도한다면 그 1등 수혜자도 한국이 될 수밖에 없다.

수소 경제는 자동차를 넘어 수소 산업 생태계 구축으로까지 나아가야 한다. 대전환이 요구된다. 화석 연료 중심의 산업 생태계를 바꾸는 데는 상당한 시간이 필요하다. 많은 연관 산업이 있었기 때문이다. 그렇지만 수소를 능가하는 에너지 자원이 등장하지 않는 한, 수소 경제의 도래는 시간 문제로 보인다. 기업과 정부가 머리를 맞대어 구상하고 손을 맞잡고 실행해 나간다면, 한국이 표준이 되는 수소 경제 시대를 꿈이 아닌 현실로 만들 수 있다.

1. 수소 경제를 성공적으로 구현하기 위해 정부와 기업은 각각 어떤 역할을 감당해야 할까?
2. 전기차EV와 수소차FCEV는 경쟁 관계일까, 보완 관계일까?
3. 한국이 수소차 분야의 '글로벌 표준'이 되기 위해 어떤 전략적 선택이 필요할까?

10

한국 기업, M&A 전략이 없다

　블룸버그에 따르면, 일본 기업은 그해 1분기 글로벌 인수와 합병M&A 시장에서 6년 만에 처음으로 중국을 앞질렀다2018. 그 배경은 중국 정부의 자본 유출 규제와 미국과 유럽이 IT 등 첨단 기술 분야에서 중국의 M&A를 거부한 데 있었다. 중국의 글로벌 기업 M&A는 전년 대비 36.1% 줄어들었다. 일본의 글로벌 기업 M&A 규모는 269억 달러28조4천억 원였다. 중국은 165억 달러17조4천억 원로 집계되었다. 일본의 M&A 대표 사례는 약 50억 달러 이상을 투자한 아일랜드 제약사 샤이어와 복사기의 대표 브랜드인 미국 제록스사 건이었다. 한국 기업이 외국 기업을 M&A 한 것은 9건으로 11조2000억 원에 불과했다. 한국 기업의 국내 시장 M&A는 668건에 509조 원에 달했다.

외국 기업들은 한국에서 활발하게 M&A를 진행했다. 154건에 455조6천억 원 규모였다. 화장품, 바이오 의약품 업종에 집중되어 있었다. 유럽 연합EU 13건, 미국 12건, 일본 5건, 중국 2건 순이었다. 기업이 계속 성장하고 발전하려면 효율성과 이익의 극대화가 필수다. 효율성과 이익은 경쟁력에 달려 있다. 경쟁력은 첨단 기술 도입, 시설 확장 등 끊임없는 구조 조정과 시장 점유율에서 나온다. 경쟁 국가의 기업들이 글로벌 시장에서 활발한 M&A를 펼친 이유가 여기에 있다.

한국 기업들이 M&A를 통한 신新 성장 동력 발굴 실적이 저조했던 배경은 무엇일까? 대부분 까다로운 '규제'를 첫째 요인으로 꼽았지만, 규제 탓만 할 수는 없다. 한국 기업의 기업가 정신이 쇠퇴하고 있었거나, 신사업에 대한 전략과 비전이 부족했던 것이 더 큰 문제다.

M&A의 성패는 정보와 전략에 달려 있다. 기업의 성장과 경쟁력을 강화하는 방법은 여러 가지가 있다. 그중에서도 M&A는 가장 빠르고 효율적인 수단이다. 한국 기업은 글로벌 기업과 비교할 때 M&A 실적이 저조하다. 전략적 요인이 부족했기 때문이다. 글로벌 경영컨설팅 법인 EY한영이 2017년 12월 전 세계 9000여 명의

기업 임원과 100명의 사모펀드 임원을 대상으로 M&A 계획을 조사한 결과가 있다. 응답한 한국 기업의 CEO 중 86%, 외국의 글로벌 기업 CEO는 87%가 향후 2년 내에 기업 매각 계획을 갖고 있다고 답했다. 2016년에 비해 두 배에 가까운 수치였다. 사려는 쪽의 전략적 요인과 팔려는 쪽이 주도하는 기회주의적 요인이 동시에 반영된 결과였다. 전략적 요인에 따른 매각 결정의 주요인은 '시장 경쟁력 저하'였다. 한국의 경우 66%, 글로벌은 85%가 경쟁력을 꼽았다.

또 다른 하나는 기회주의적 요인이다. 시장 내 풍부한 유동성을 바탕으로 자금력을 확대하기 위한 목적이다. 한국은 기회주의적 요인이 79%, 글로벌은 71%로 나타났다. 글로벌 CEO들이 전략적 요인에 따라 매각을 주도한 것과 비교된다. 한국의 CEO들은 잠재적 인수자가 먼저 접근하는 기회주의적 요인에 의한 매각 비중이 기타 요인보다 13% 이상 높았다. 결과는 확연히 달랐다. 전략적 요인에 의한 매각은 기회주의적 요인과 비교할 때 매각 가치와 기업 가치 증대 면에서 월등히 효과적이다. 매각 가격만 비교해도 4.5% 높다. 잔존 기업 가치 평가에서도 13.2%나 높다. 이 결과가 보여준 의미는 분명하다. 한국의 최고경영자들이 성공적으로 기업을 구조 조정하고 경쟁력을 강화하려면 신성장 동력

발굴을 위한 보다 전략적이며 선제적인 M&A에 나서야 한다는 점이다.

1. 한국 기업들이 글로벌 M&A 시장에서 활약하지 못하는 진짜 원인은 무엇일까?

2. 기회주의적 M&A와 전략적 M&A 중 어느 쪽이 장기적으로 기업 가치를 높이는 데 더 효과적인가?

3. 한국 기업들이 성공적인 글로벌 M&A를 추진하기 위해 필요한 조건은 무엇이며, 정부와 시장은 어떤 역할을 해야 하는가?

11

소득 양극화, 낙수 효과는 없었다

경제협력기구 OECD는 '불평등과 성장'이라는 제목으로, 소득 불평등이 경제 성장에 미치는 영향을 분석한 보고서를 냈다 2014. OECD 34개 회원국을 대상으로 1985년부터 2005년까지 확대된 소득 불평등이 1990년에서 2010년까지 국가별 누적 성장률에 어떤 영향을 주었는지를 분석한 것이다. 즉 성장률과 소득 불평등의 상관관계를 추적한 것이다. 분석에 따르면, 소득의 양극화가 심화될수록 성장률은 떨어지는 것으로 나타났다. 1980년대에는 10% 상위 소득자가 하위 10% 소득자에 비해 7배 더 많은 소득을 가져갔지만, 당시 기준으로는 9.5배나 더 가져가고 있는 것으로 조사되었다. 우리나라는 더 심각했다. 해당 연도에 상위 10%와 하위 10% 간의 소득 격차는 11.9배로 벌어졌고, 그 격차는 갈수록 커지는 추세다.

　상위층 소득 집중이 심화되면서 경제에 여러 가지 부정적인 영향을 미쳤다. OECD는 경제 성장에 있어 가장 큰 부정적 영향을 미치는 단일 변수로 소득 불평등을 적시했다. 따라서 지속 가능한 성장을 위해서는 "세계 각국이 소득 불평등을 해소하는 데 국가적인 역량을 집중해야 한다"고 권고했다. 대기업이나 고소득층의 부를 키우면 이들이 투자와 소비를 늘려 결국 그 혜택이 중소기업과 저소득층에 돌아가 경제가 성장한다는 낙수 효과 Trickle-down Effect는 나타나지 않았다. 앙헬 구리아 OECD 사무총장도 "낙수 효과가 아니라 불평등의 해소가 성장의 지름길임이 명백해졌다. 불평등을 해소하는 국가가 빨리 성장할 것"이라고 지적했다.

　OECD는 소득 불평등을 줄이기 위한 정책으로 조세 개혁을 첫째 과제로 제시했다. 한마디로 부유층의 세금 부담을 늘려야 한다는 것이다. 부유층의 세금 부담을 늘리는 조세 개혁을 통해 소득 불평등을 줄임으로써 경제 전반의 효율성과 형평성을 높일 수 있다고 보았다. 이밖에도 "하위 소득층의 소득을 끌어올리기 위해서는 세금 우대 폐지, 부동산 및 금융자산에 대한 조세 강화, 공교육 지원과 의료보험 등 복지 제도를 강화하고 복지 전달 체계를 혁신해 적극적인 재분재 정책을 추진해야 한다"고 강조했다. OECD의 지적을 가장 아프게 받아들여야 할 국가는 한국이다.

한국은행이 15일 발표한 국민 계정 개편 결과에 따르면, 국민총소득은 1953년 483억 원에서 전년도 기준 1441조 원으로 약 3만 배29,833배 늘었다2014. 1인당 국민총소득도 67달러에서 2만6205달러로 391배로 증가했다. 60년 동안 연평균 10.5%씩 증가한 셈이었다. 이렇게 국민총소득이 급증하는 동안 가계 소득의 비중은 갈수록 줄어들었다. 국민총소득에서 가계 소득이 차지하는 비중은 1975년 79.2%에서 전년에는 61.2% 수준으로 떨어졌다. 반면 기업 비중은 같은 기간 9.3%에서 25.7%로 높아졌다. 이는 기업의 급성장에 비해 임금이나 가계의 재산 소득 증가는 상대적으로 낮았다는 의미다.

OECD 회원국 중 한국의 소득 양극화는 최상위 수준에 해당한다. 이 상황에서 낙수 효과로 성장의 동력을 끌어낸다는 것은 성공 가능성도 작고 명분도 없다. OECD의 권고처럼 저소득층의 소득 증대와 재분배가 해법이다. 낙수Trickle-down가 아닌 분수Trickle-up로 수요와 성장 동력을 창출해야 한다.

산업화 40년 동안 그 성장 과실을 균형 있게 배분하지 못해 빚어진 양극화는 미래 세대와 공동체의 갈등을 잉태한 불씨로 커지고 있다. 유독 평등주의 지향성이 강한 사회 구조적 환경에서 소득 불균형은 해소하지 않으면 안 되는 최우선의 국정 과제다.

1. 왜 낙수 효과trickle-down effect는 현실에서 작동하지 않았는가?
2. 소득 재분배를 위한 조세 개혁과 복지 강화는 경제 성장에 어떤 영향을 미치는가?
3. 한국 사회의 소득 양극화를 해결하기 위해 정부와 기업, 시민 사회는 각각 어떤 역할을 해야 하는가?

12

한국 경제, 규제의 늪을 벗어나야

　한국 경제는 늪에서 허덕이고 있었다 2018. 국제 통화기금 IMF 을 비롯해 글로벌 투자 기관과 한국은행까지 성장 전망을 낮췄다. 한국은행이 발표한 3분기 성장률은 0.6%였다. 성장률만 보면 2분기와 같았다. 하지만 그 내용을 짚어보면 걱정이 앞선다. 성장은 반도체 수출에 크게 의지하고 있었다. 반도체와 석유화학을 중심으로 3.9% 늘었을 뿐이었다. 이 또한 전년 동기의 3분기 성장률 5.6% 과 비교하면 크게 줄었다. 불확실성은 높아지고 있었다. 반도체가 언제까지 수출을 견인해 줄지 장담할 수 없었다.

　한국 경제의 성장이 정체된 가장 큰 이유는 기업의 투자가 이루어지지 않았기 때문이다. 성장 동력인 투자는 1998년 외환 위기 수준으로 추락했다. 기업의 설비 투자는 전년 같은 기간과 비교했을 때 -4.7%였다. 내수 경기에 가장 민감한 건설 투자는 -6.4%로 뒷걸음질 쳤다. 건설 투자는 외환 위기 때의 -6.5%와 비슷한 수준이었다. 당시의 악몽을 떠오르게 했다. 그 파장은 주가 폭락으로 이어졌다. 10월 한 달 동안 주식 시장에서만 4조2천억 원이 회수되었다. 자본 시장은 요동쳤다. 외국인 투자자들은 발을 빼는 추세였다. 더 늦기 전에 출구를 찾아야 했다.

기업의 투자는 고용과 가계 소비를 일으키는 경제의 동력이다. 투자 부진의 원인은 여러 가지가 있다. 글로벌 투자은행 씨티은행은 선진국을 중심으로 진행된 산업 구조의 변화를 지목했다. "글로벌 시장에서 반도체 가격이 하락하는 추세에 있었고, 자동차와 조선 등 산업 구조의 재편이 한국 경제에 부정적인 요인으로 작용하고 있었다"고 분석했다. 자동차 산업은 이미 인공 지능AI과 IT가 결합한 전기차와 수소차 체제로 바뀌고 있다. 조선 분야도 마찬가지다. 고도의 기술경쟁력을 갖지 못하면 설 자리가 없다. 산업 패러다임의 대전환이다. 대외 경제 여건도 최악이다. 미·중 무역 전쟁의 여파가 수출 주도형 한국 경제에 치명타를 입혔다. 국내 부문에서 제조 설비와 건설 투자가 모두 마이너스였다는 것은 경기가 하강 국면에 진입했다는 신호다. 안팎의 경제 상황은 기업이 투자에 나설 수 없는 환경이다. 기업의 팔을 비틀어서 될 일이 아니다. 총체적인 경기 전망이 어두웠기 때문이다. 이는 경제 지표에서도 확인되었다. 당초 2018년 목표였던 경제 성장률 3.0%는 이미 무너졌지만 수정치 2.7%도 어렵다는 전망이 유력했다.

당장 급한 것은 기업의 투자를 유인할 환경 조성이다. 규제 개혁이 필요하다. 기업의 투자와 공정한 경제 활동을 제한하는 일체의 규제를 일단 해제하는 방향으로 가야 한다. 환경 오염 방지, 안전 등 공공의 이익을 지키는 최소한의 사회적 규제만 남겨야 한다. 쉬운 일은 아니다. 규제 개혁이 제대로 이행되지 않았던 이유는 분명하다. 가장 큰 장애물은 이해관계 집단의 반발이다. 다음은 정부의 규제 개혁 의지다. 각 부처와 공무원의 이기주의가 도사리고 있다.

규제 개혁에서 가장 높은 허들은 국회다. 입법을 통한 규제다. 국회의원은 선거로 선출되는 기관이다. 각종 이익 단체의 압력에 약할 수밖에 없다. 포퓰리즘에 휘둘리지 않을 장치가 필요하다. 국회가 자체적으로 규제 입법을 통제할 기구와 시스템을 갖춰야 한다. 모든 규제를 일사천리로 혁파할 수는 없다. 경제를 살리는 데 최우선 순위를 두어야 한다. 동시에 정책의 집행도 경제의 응급 상황에 맞추어 유연성을 발휘해야 한다. 또한 임금의 증가와 노동의 생산성이 균형을 이루지 못하면 기업의 투자는 불가능하다.

정부의 재정으로 경기를 부양하는 것은 응급 처방이다. 규제 개혁을 통해 장기적이고 안정적인 경제 선순환 구조를 만들어야 한다. 국무총리실과 각 부처가 중심이 되어 실행에 나서야 한다. 대통령과 청와대는 규제 개혁의 진행 성과를 점검하고 방향을 제시해야 한다. 각 부처의 장관이 힘을 갖고 실행에 나서지 않으면 구두선口頭禪으로 끝날 수밖에 없다. 정부가 성장을 주도하던 산업화 시대의 낡은 규제가 그대로인 것이 그 증거다.

어느 때보다 경기 후퇴를 선순환 구조로 되돌리는 것이 중요하다. 기업이 앞장서고 노조가 협력해야 한다. 각종 이익 단체가 조금씩 양보하면서 상생의 동반자로 나서야 한다. 이것이 기업의 투자를 유인할 최소한의 환경이며 정책 방향이다. 흔히 "경제는 심리"라 했다. 국내적으로 각 경제 주체에 신바람을 불러일으킬 소재는 없지 않다. 국민소득 3만 달러대 진입, 북핵 문제 해결이 대표적인 소재다. 새로운 남북경제협력 시대는 한반도에 '신바람'을 넘어 '신新돌풍'을 일으킬 수 있다. 그 첫 번째 준비가 바로 낡은 틀을 바꾸는 규제 개혁이다. 혁신 성장의 출발점이다.

1. 한국 경제 성장 정체의 주요 원인 중 '규제'가 차지하는 비중은 어느 정도이며, 규제 완화가 경제에 미치는 긍정적·부정적 효과는 무엇인가?
2. 이해관계 집단과 국회 등의 반발을 극복하고 효과적인 규제 개혁을 추진하기 위한 현실적 방안과 제도적 장치는 무엇인가?
3. 최저 임금 인상 등 노동 정책과 기업 투자를 조화시키기 위한 균형점은 어디에 있으며, 이를 위한 정책적 보완책은 무엇이 될 수 있는가?

13

소득주도성장 비판

　정부의 소득주도성장income-led growth 정책에 대한 비판이 무성했다2017. 소득주도성장론은 폴란드 경제학자 미하우 칼레츠키Michał Kalecki가 1933년 그의 저서 『경기변동론』에서 주장했다. 1930년대 '세계 대공황'의 원인을 유효 수요의 부족으로 분석하고 그 대안으로 제시한 것으로, 소비 진작을 통해 경기를 살릴 수 있다는 것이었다. 소비 진작을 위해서는 소득의 증가가 중요한 요인이므로 국민소득에서 차지하는 임금의 비중을 늘려야 한다는 주장이었다. 이 주장은 영국 런던정경대 교수 니콜라스 칼도어Nicholas Kaldor 등에 의해 진보적인 경제 이론으로 계승되었다. 이 이론이 다시 주목받기 시작한 것은 국제노동기구ILO가 임금주도성장wage-led growth을 제기하면서부터였다. 임금주도성장은 국민소득 중에서 임금이 차지하는 비중을 높여 소비를 진작시킬 수 있다는 것이었다. 기업이나 공공부문에 종사하는 노동자들의 임금을 올려주면 소비가 늘어나 경기를 회복시킬 수 있다는 내용이었다.

여기서 간과하고 있는 문제가 있었다. 이미 고용되어 있는 노동자들에게는 반가운 일이었다. 하지만 취업 준비자들에게는 실업의 함정으로 유인하는 결과를 가져올 수 있었다. 이윤 창출을 목적으로 하는 기업은 인건비의 부담이 높아지면 신규 인력의 고용을 기피한다. 구조 조정 등을 명분으로 기존의 인력까지 감축하려 한다. 실제로 특정 노동자들에게 돌아가는 소득 배분율이 높으면 사회 계층별로 소득이 고르게 배분되지 않는 부작용이 나타난다. 지니 계수다. 소득의 분배 상황을 보여주는 지니 계수가 상승해 나빠지는 것으로 집계되었다. 일자리를 잡지 못한 구직자들이 더 궁핍해졌다. 실업률이 높아져 소득이 사회 저변에 고르게 나누어지지 못했다는 의미다. 한국 민주화 절정기인 87년 이후 사례에서 확인된다. 1988년 노태우 정부 5년과 1993 김영삼 정부 첫해까지 6년 동안 임금상승률의 연평균은 20% 수준이었다. 사업장 곳곳에 노조가 결성되고 억눌렸던 분배 요구가 봇물 터지듯 터지면서 일어났다. 상당수 기업이 도산의 위기에 몰렸다.

한국 기업의 위기는 중국의 개혁 개방으로 출구를 찾을 수 있었다. 한국 노동 시장의 고임금 부담은 중국의 값싼 노동력과 세제 등 각종 혜택이 덜어주었다. 섬유, 신발 등 노동집약적 산업이 선두에서 중국 투자를 주도했다. 그 이후에는 자동차, 반도체 등 기술집약적인 산업 분야가 중국 등 해외 투자로 생존의 활로를 찾고 있다. 해외 투자는 2010년 이후 연평균 300억 달러 3조3천억 원 규모를 넘었다. 한국 기업의 해외 탈출은 이러한 배경에서 비롯되었고, 이것이 현주소다. J노믹스 일본 경제를 우리 기업들은 80년대 후반 경제 민주화의 무게로 받아들이는 것 같다. 비정규직의 정규직화, 최저 임금 인상, 임금 조정 없는 근로 시간 단축 등 저소득 계층을 배려하는 각종 정책이 주는 압박감 때문이다. 일부 경제학자들도 소득주도성장은 저성장 문제를 극복하는 해결책이 될 수 없고 장기적으로 성장률의 0%대 추락까지 경고한다. 또한 공급 측면을 무시한 반쪽짜리 성장론으로 평가된다.

근거는 있었지만 이 같은 주장이 간과하고 있는 것이 있었다. 1980년대부터 2000년대까지의 경제 상황과 당시의 경제 상황은 달랐다. 경제 일반론으로 진단하면 오류를 범하기 쉽다. 한국의 소득 불균형 수준은 응급 처방을 내려야 할 정도로 심각하다. 세계적인 경기 침체와 수요 부족, 저성장 국면에서 무작정 공급을 늘릴 수만은 없다. 수출 주도형 한국 경제는 이미 소비재 중심에서 중간재나 반도체와 같은 기술집약형 중심으로 바뀌었다. 또한 세계 경제의 패턴이 기본부터 바뀌고 있다. 혁신은 불가피하다.

디지털 시대의 미래는 누구도 그 변화를 가늠할 수 없다. 과거의 이론만으로 진화하는 현실을 정확히 분석하기란 불가능하다. 그때 할 수 있는 것은 잘못된 결과를 보정하는 일이다. 여유를 갖고 견고하게 초석을 다시 쌓는 초심이 그것이다. 그것만이 미래의 불확실성 위기를 최소화할 수 있는 장치다. 소득주도성장 정책도 그렇다. 응급 처방도 필요하다. 하지만 장기적 성장 전략과 국가 비전에 대한 경제 주체 간의 공감과 합의가 중요하다.

1. 소득주도성장 정책이 단기적인 소비 진작에 미치는 긍정적 효과와, 장기적인 고용 및 기업 경쟁력에 미치는 부정적 영향은 어떻게 균형을 맞출 수 있을까?

2. 1980-2000년대 한국 경제와 2010년대 이후의 경제 환경이 달라진 상황에서, 기존 경제 이론과 정책이 현실을 충분히 반영하지 못한다면 어떤 새로운 경제 정책 방향이 적합할까?

3. 소득 불균형이 심각한 상황에서 '응급 처방'으로서 소득주도성장이 필요하다는 점과, 장기적 국가 성장 전략 및 경제 주체 간 합의의 중요성 사이에서 어떻게 균형점을 찾을 수 있을까?

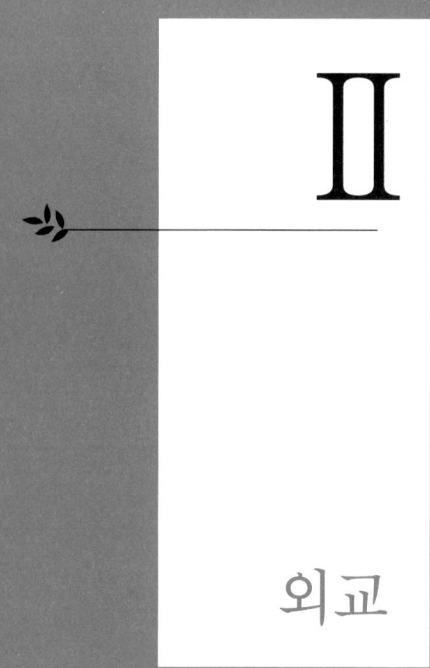

II

외교

한국 외교는 복잡하고 미묘한 국제 정세 속에서 국가의 위상과 안전을 지키기 위해 끊임없이 조율과 전략을 요구받고 있다. 유민 세대와 디아스포라가 형성하는 글로벌 네트워크는 한국의 외교 역량을 확장하는 중요한 자산이다. 국가 신용 등급의 현실과 허상을 분석하며, 중국의 사드 보복과 환경 문제로 대표되는 스모그 경제가 동북아 정세에 미치는 영향도 주목된다. 미국과 중국 간 패권 경쟁은 장기적 긴장 상태를 예고하며, 한국은 일본과의 역사적·현실적 관계를 어떻게 설정할 것인가에 대한 고민도 크다. 아울러 북한의 심각한 경제난과 식량 위기는 한반도 평화와 안보에 중대한 변수로 작용하며, 외교적 해법과 국제 협력이 더욱 절실해지고 있다.

II

14

유민의 시대, 디아스포라의 한국

디아스포라Diaspora는 로마의 세계 지배 전쟁과 폭압 통치에 저항해 봉기를 일으켰으나 실패하면서, 핍박을 피해 흩어져 이웃 나라를 떠돌던 유대인 유민들을 일컫는 말이다. 그들은 예루살렘 성전이 초토화되자 신앙의 위기에 몰리면서 정신적 공황 상태에 빠져 방황하는 고난의 시대를 살았다. 그 고난의 방패막이이자 신앙의 구심체로 만들어진 것이 디아스포라 회당이었다. 그 회당에서도 '구원'을 명분으로 각종 규례와 율법을 앞세워 지배와 피지배의 권력 관계가 만들어졌다. 입으로 똑같은 야훼를 외치고 섬기면서도 기득권을 앞세워 이방인들을 차별하고 편을 갈랐다. 중심부에 들지 못하는 약자는 주변인으로 내몰려 하층민으로 살 수밖에 없었다. 신앙이 탐욕의 도구가 되고, 그 탐욕을 경계하는 정의와 평등의 신념 체계가 무너지면 약육강식의 생태계만 남았다. 그 당시 바울 사도의 가르침은 절망의 나락으로 추락하는 불쌍한 영혼들에게 신앙의 지조를 지키는 복음으로 큰 버팀목이 되었음이 입증되었다.

지금, 우리가 살고 있는 이 세상 또한 유민流民의 시대, 현대판 디아스포라 시대다. 지난해 서울을 떠난 사람은 5만 명이었다. 비싼 집값 때문이었다. 5만 명의 인구 순유출도 교육이나 직장 때문에 불가피하게 서울로 전입해 온 사람들을 뺀 숫자였다. 실제로는 10만 명에 가까운 사람들이 집값이 싼 인근 도시로 이주했다. 중심에서 주변부로의 추락이다. 2013년부터 2014년 사이의 빈곤 탈출률은 22.65%였다.보건사회연구원 자료. 이 조사를 실시한 이래 계속 추락하다 최저 기록을 세웠다. 한번 빈곤층으로 추락하면 사실상 가난의 늪에서 벗어나는 것이 불가능하다는 의미다. 빈곤의 탈출은 고사하고 갈수록 빈곤층이 늘어만 간다.

중산층이 빈곤층으로 추락하는 비율이 갈수록 높아진다. 2012년 6.14%에서 다음 해는 9.82%, 지난해 조사 때는 10.92%로 나타났다2015. 사실상 중산층의 붕괴였다. 실상이 이런데도 사회적 안전장치는 없었다. 당시 우리 사회는 불신과 불만, 불안으로 팽

배해 있었다. 국민대통합위에 따르면 시민 86.8%가 우리 사회의 보수와 진보 세력 간의 갈등이 심각하다고 답했다. 또한 노사 갈등 79.4%, 빈부 갈등 77.7%, 지역 갈등 60.8%, 세대 갈등 56.0%이 심각하다고 인식했다. 갈등이 대립으로 집단화되면 폭력으로 나타났다. 기댈 곳 없는 공동체의 구성원에게는 제 살길을 찾아 떠나는 유민의 삶이 기다릴 뿐이다. 디아스포라 한국인의 처지다.

사회적 약자들의 끊임없는 추락과 퇴출, 디아스포라의 삶을 피할 곳은 어딘가? 믿음의 자녀들에게는 당연히 교회다. 그런데 당시 우리나라의 교회들이 방황하는 영혼을 구원해주는 빛이 되고 있었는지, 권력의 횡포와 가진 자의 탐욕을 경계하는 소금으로 자리매김하고 있는지 돌아보았으면 한다. 끝도 없이 추락하고 있던 어린 양들에게 구원의 손길을 내미는 것은 교회와 제사장의 특권이자 특임이다. 사회적 약자, 다문화 가족 등 소외된 이웃을 품어 주는 따뜻한 구원의 둥지가 되어 주었으면 좋겠다. 영혼을 일깨우는 바울 사도의 외침과 실천의 리더십이 그리운 시대다.

1. 오늘날 한국 사회에서 '디아스포라'적 삶을 살아가는 시민들은 누구인가?
2. 중산층의 몰락은 개인의 실패인가, 구조의 실패인가?
3. 오늘날 교회는 디아스포라의 영혼을 품는 '회당'이 되고 있는가?

15

국가 신용 등급의 실상과 허상

국제신용평가사 '스탠더드앤드푸어스'S&P는 지난 9일 한국의 국가 신용 등급을 AA- 등급에서 AA로 상향 조정했다2016. S&P의 AA 등급은 전체 21개 등급 중 3번째로 높은 등급이었다. S&P는 신용 등급을 높게 조정한 주요 배경으로 "한국 경제의 꾸준한 성장 기조 유지와 국가 채무가 순채권국으로 전환되어 대외 지표가 개선된 점"을 꼽았다. 더불어 안정적인 통화 관리 정책이 지속 가능한 경제 성장을 지원하고 있다는 점도 긍정적인 평가 요인이 되었다고 지적했다. 한국 경제의 미래를 예측하는 신용 전망에 대해서도 안정적으로 분석했다. 기획재정부는 가뭄에 단비를 만난 표정이었다. S&P의 신용 평가를 굳이 폄훼할 것까지는 없었다. 알고 보면 좋아할 이유도 별로 없었다. 그 허와 실을 냉정히

짚어 봐야 한다.

국가 신용 등급이 주는 의미는 '한국 기업이나 정부에 돈을 빌려주고 떼일 염려가 어느 정도인가를 가늠하는 참고 지표'에 불과하다. 우선 득이 되는 점을 따져 보면, 해외 금융 시장에서 싼 이자로 돈을 빌릴 수 있다는 점이다. 국가 신용 등급이 1단계 오르면 통상적으로 해외에서 빌리는 돈의 이자가 0.35% 낮아진다. 문제는 당시 우리 기업과 정부의 상황이 해외에서 많은 돈을 빌릴 만큼의 재정이나 기업의 투자 수요가 없었다는 점이다. 반면 수출 주도형 한국 경제는 원화 가치 상승으로 인해 해외에 파는 우리 상품값이 오를 수밖에 없다. 가격경쟁력이 떨어진다는 뜻이다. 그 밖에도 투기 자본이 한국에 유입되어 외환 관리의 위험도를 높이는 등 간과할 수 없는 부담 요인이 많다.

국제신용평가사로서 평판과 역사를 갖고 있는 기관은 3곳이다. 미국계로 분류되는 S&P와 무디스, 영국계의 피치다. 이들 신용평가사들은 1930년대 미국의 대공황 시절에 자리를 잡았다. 이들이 진단한 기업들의 회사채에 대한 상당한 수준의 신뢰도가 증명되면서부터였다. 이후 고도 산업 사회로 접어들면서 미국 금융 당국의 보호 속에 급성장했다. 당시 이들은 전체 자본 시장의

90% 이상을 독점하고 있었다. 국제 자본 시장의 제왕적 감독자들이었다. 반면에 이들 평가 기관은 자신들이 내놓은 평가 결과에 대해 아무런 책임도 지지 않았다. 뿐만 아니라 납득할 수 없을 정도로 상황의 논리에 맞추어 자신들의 평가와 전망을 뒤집기 일쑤였다. 그들을 '국제 신용 마피아'라고 부르는 이유다.

최대 피해국이 한국이었다. 1997년 외환 위기 직전까지 S&P의 한국 신용 등급은 AA-였다. 외환 위기가 터지자 곧바로 B+로 낮추었다. 비 오는데 우산을 접은 정도가 아니었다. 태풍까지 일으켜 국가 부도로 내몰았다. 한국 경제는 국제 통화기금IMF 관리로 추락했다. 한국의 기업과 정부, 국민의 피해 규모는 헤아릴 수 없었다. 그렇지만 한국은 그들의 예상과는 달리 1년여 최단기에 IMF 관리를 벗어났다. 당시 한국보다 신용 등급이 높은 나라는 Aaa 등급인 미국, 독일, 캐나다, 호주 4개국과 Aa1 등급인 영국을 포함해 전체 5개국에 불과했다. 중국과 일본도 우리보다 낮았다. 기분은 나쁘지 않다. 하지만 좋아할 것까지는 없다. 1997년의 신용 추락 트라우마가 너무 깊고 컸다. 그들의 분석에 따르면 북한의 핵 도발 위협과 남북 긴장 상황, 사드THAAD 배치를 둘러싼 한중 간의 긴장 분위기도 별 문제 없었다. 그 의도가 더 미덥지 않게 느껴진다. 현명한 대응은 실질적인 구조 개혁을 통해 경제 체질의 건강성을 강화하는 길뿐이다.

1. 국가 신용 등급이 올라가면 한국 경제에는 어떤 실익과 실손이 발생하는가?
2. 국제신용평가사들은 얼마나 신뢰할 수 있는 기관인가?
3. 한국 경제의 진정한 안정성과 경쟁력을 확보하는 길은 무엇인가?

16

중국의 사드 보복과 스모그 경제

중국에서 생산된 초미세 먼지로 인해 한국과 일본에서 매년 3만여 명이 자연 수명대로 살지 못하고 일찍 죽는다. 세계적인 학술지 「네이처」가 발표한 연구 결과다. 2007년 한 해에만 6만여 명을 사망케 했다. 중국인 조기 사망자를 제외한 통계다. 6만여 명의 조기 사망자 중에 절반이 넘는 숫자가 한국인과 일본인이다. 연구 결과의 신뢰도를 높이는 것은 이 연구를 중국과 함께 진행하였다는 점이다. 중국의 칭화대와 베이징대, 미국, 영국, 캐나다 등 국제 공동 연구진이 과학적으로 밝혀낸 결과다. 한국과 일본의 피해가 큰 것은 바람의 방향인 동남쪽에 있기 때문이다. 중국을 지목한 것은 중국의 환경 규제가 국제 기준에 한참 미치지 못해 미세 먼지 생산을 통제하지 못하고 있었기 때문이다.

중국은 지금까지 미세 먼지로 인한 인접 국가의 피해를 인정하지 않고 있다. 과학적인 연구 결과가 불충분하다는 이유다. 그렇지만 이번 「네이처」지의 발표는 중국의 연구진과 함께 밝혀낸 과학적인 결과여서 더 이상의 변명은 통하지 않게 되었다. 더구나 피해 당사자인 한국과 일본 등 인접국은 연구에 참여하지 않아서 공정성에 의문을 제기할 여지도 없다. 한반도는 중국과 국경을 맞대고 있어 역사적으로도 상상할 수 없는 피해를 받아왔다. 중국의 산업화 이전에는 황사, 이후는 스모그까지 겹쳐 오고 있다. 중국이 동부 해안에 각종 중화학 공장을 집중적으로 배치하고 한국에 매연과 초미세 먼지 직격탄을 쏘고 있는 형국이다. 이는 서울 등 수도권의 대기 중에 있는 2.5마이크로미터 미만의 초미세 먼지 80% 이상이 중국에서 건너온 것이라는 분석에서 확인된다.

중국은 한국이 구축하고 있는 '고고도 미사일방어체계'사드를 무산시킬 목적으로 경제 보복까지 감행하고 있었다. 국제 규정 위반이었다. 세계무역기구WTO는 정치적 이유로 무역을 제한하지 못하도록 규정하고 있었다. 그러나 규정 따위는 아랑곳하지 않았다. 중국은 우리 수출의 25%를 차지하고 있었다. 한국을 찾는 외국 관광객의 47%가 중국인이었다. 그들은 이것이 우리 경제에 미치는 영향이 크다는 점을 정치적 압박 수단으로 활용하고 있었다. 한중 양국이 냉정하게 따져봐야 한다. 중국이 한국에 보내는 미세 먼지로 매년 3만 명 이상이 심장병, 폐암 같은 치명적 질병으로 일찍 죽고 있다. 미세 먼지의 80%는 중국이 보내온 것이다. 중국의 사드 경제 보복은 한국을 엎치고 덮치는 꼴이다. 사드와 스모그 경제를 비교해 보았다.

중국의 스모그 경제로 매년 3만 명 이상의 한국인이 죽어가고 있다. 경제협력개발기구 OECD는 초미세 먼지로 인한 조기 사망자가 2060년에는 3배로 늘어난다고 경고했다. 한국은 OECD 34개 회원국 중에서 온실가스 배출 순위 5위다. 미세 먼지 감축을 국가적 과제로 선정하고 52조 원에 달하는 예산을 편성했다. 석탄 등 화석 연료의 비중을 낮추려는 노력도 중국의 협력 없이는 무위다. 중국이 경제 개발 이익을 얻기 위해 한국이 스모그 미세 먼지 피해라는 비용을 부담하고 있었던 셈이다. 그럼에도 중국은 유엔 결의 제2625호를 위반해 한국에 보복적인 경제 조치를 감행하고 있다. 한국의 경제적 피해는 17조2000억 원으로 추산된다. 사드는 중국에 직접적인 피해를 주지 않는다. 실현되지 않은 안보 위협을 구실로 보복할 입장이 아니다. 중국이 사드와 스모그를 넘어 한국에 더 이상 피해를 주어서는 안 되는 이유는 수만 가지도 넘는다.

1. 중국발 미세 먼지로 인한 한국의 건강·경제 피해에 대해 국제 사회에서 어떻게 대응해야 하는가?

2. 중국의 사드 보복은 국제법상 어떤 문제가 있는가?

3. 한국은 사드 배치라는 안보 논리와 경제 보복이라는 현실 사이에서 어떤 선택을 해야 하는가?

17

미·중 전쟁, 오래된 미래

 미·중 무역 전쟁 파장이 전 세계로 확산하고 있다 2019. 크리스틴 라가르드 국제 통화기금 IMF 총재가 IMF 블로그에 다음과 같이 썼다. "미·중 양국이 예고한 관세 보복이 진행될 경우 내년 전 세계 국가들의 국내총생산 GDP이 4500억 달러 약 530조 원 감소할 수 있다." 이 규모는 "세계 GDP를 0.5% 포인트 끌어 내릴 것이다." 미·중 전쟁은 무역을 넘어선 지 오래다. 첨단 기술, 금융, 국방 등 전 산업과 해양을 포함한 영토 패권 경쟁으로까지 확장되었다. 특징은 이것이 총칼로 겨루는 전쟁이 아니라는 사실이다. 경제력 등 국가의 총체적 역량을 동원해 소프트파워를 도구로 펼치는 '뉴워 New War'다. 그래서 전쟁의 진행과 결말을 예측하기 어렵다. 그렇다고 손 놓고 있을 수는 없다. 우리의 생존이 달린 문제이기 때문이다. 가능하고 현실성 있는 최선의 대응책이 있어야 한다. 그렇게 하려면 미·중의 과거에서 미래를 통찰할 필요가 있다.

 중국이 세계 무대에 등장한 배경과 G2 부상 과정을 복기해 보았다. 중국은 1978년 공산주의 경제 체제의 개혁을 표방하며 세계 시장에 개방의 신호를 보냈다. 다음 해 1979년 미국과 국교를 정상화했다. 중국식 사회주의 시장 경제 채택을 위한 탐색의 시작이었다. 미국은 국교 정상화 이후 대중국 무역에서 최혜국 대우를 부여했다. 미국의 계산은 공산주의 보루를 해체함으로써 체제 경쟁을 마감하고 경쟁력 있는 과학 기술과 자본으로 거대한 중국 시장으로부터 경제적 실익도 거둘 수 있다는 것이었다. 1982년 중국은 '관세와 무역에 관한 일반협정'GATT의 옵서버 자격을 얻었다. 5년여 기간의 실험적 적응기를 거쳐 1986년에는 IMF에 가입하고 세계무역기구WTO의 문을 두드렸다.

 동시에 국제 기준에 맞추어 시장 지향적인 개혁 정책도 추진했다. 1990년대, 관세 장벽을 완화 하고 외국 자본의 직접 투자도 과감하게 허용했다. 그리고 2001년, WTO 가입 신청 15년 만에 143번째 회원국이 되었다. 세계 경제 질서 편입이었다. 중국 경제와 세계 경제 질서에 획기적인 변화를 가져온 대사건이었다.

이때 중국의 GDP는 세계 6위였다.

당시 국제 사회의 이목은 중국에 집중되었다. 세계 무역 질서의 순응자price taker로 안착할지, 아니면 불안정을 일으키는 이단아spoiler가 될지 염려했기 때문이다. WTO 가입 초기는 순응자의 위치를 지키는 모습이었다. 그런 가운데 중국의 경제력은 빠른 속도로 커졌다. G4미국, EU, 일본, 중국를 거쳐 G3미국, EU, 중국로 진입했다. 이때까지 대외 전략은 도광양회韜光養晦 자신의 재능이나 명성을 드러내지 않고 참고 기다린다.였다.

2010년, 중국이 단일 국가로서 일본을 추월하고 GDP 세계 2위로 부상했다. WTO 가입 10년 만이었다. 세계 시장을 무대로 매년 평균 10% 이상의 경제 성장률을 기록했다. 우려했던 대로 G2 중국은 자본주의 시장 질서에 반하는 행보를 서슴지 않았다. 국영 기업의 폐쇄적 경영, 위안화 평가 절하에 의한 수출주도 정책, 초저가 가격 경쟁, 정치적 목적의 희토류 수출 규제 등 반시장적 정책 행보를 보였다. 경제 규모에 걸맞은 역할과 책임을 다하지 못한다는 눈총을 받게 되었다.

2012년 시진핑 주석의 시대를 맞았다. 국가 비전으로 중국몽中

國夢의 실현을 내걸었다. 대외 정책은 분발유위奮發有爲 떨처 일어나 해야 할 일을 함.를 표명했다. 드러내지 않으며 힘을 키우던 도광양회에서 힘을 드러내며 도약하는 대전환이었다. 시진핑의 중국몽은 미국과 대등한 관계를 구축해 21세기를 선도하는 강국의 꿈을 목표로 했다. 중화 민족주의가 바탕이었다. 그 대표적인 정책이 '중국 제조 2025'와 '일대일로 One belt, one road'였다. 전자는 중국이 첨단 과학 기술 등 제조 분야에서 2025년까지 세계 최강이 되는 것이었다. 후자는 중국 내륙과 해상, 그리고 주변국을 연결하는 신新 실크로드 건설이었다. 경제 협력과 무역을 확대하기 위해 새로운 경제 영토를 만드는 것이었다. 당시 100여 국가와 국제 기구가 참여하고 있었다. G2를 넘어 G1을 향한 대장정이었다.

트럼프 대통령은 CNBC 방송 인터뷰에서 '중국 제조 2025'에 대해 "중국이 2025년까지 훨씬 더 강해지고 지배적이 된다는 의미"라며 "나 미국에게는 너무 모욕적이고 그럴 수는 없다"고 했다. 이 전쟁의 실체였다. 트럼프 대통령만의 생각일까? 아니었다. 중국이 세계 무대에 등장하면서부터 이미 예견된 전쟁이었다. 오래된 미래나 다름없었다. 오히려 전쟁 시작이 2008년 미국발 금융 위기 수습 때문에 많이 늦어졌다. 종전까지는 꽤 많은 시간이 걸릴 것 같다. 그 와중에 한국의 피해는 상상 이상일 것이다. 이제 우리의 대응과 선택만 남았다. 답은 명료다. 위기 상황에 대한 국민적 공감 형성이 시급하다. 더불어 정치, 경제, 노동 등 각계의 지도자들이 위기 극복을 위해 지혜를 모아야 한다. 집단 지성의 힘을 발휘할 때다. 내부 분열을 극복하지 못한 채 미·중 전쟁의 파고를 넘을 수 없다.

1. 미·중 무역 전쟁은 단순한 경제 갈등인가, 아니면 새로운 국제 질서 재편의 신호탄인가?
2. 중국은 세계 경제 질서의 책임 있는 주체로 자리 잡고 있는가?
3. 미·중 충돌의 틈바구니에서 한국은 어떤 전략을 취해야 하는가?

18

한국은 일본에 어떤 나라인가?

　미국 워싱턴의 대한제국공사관이 5월 15일 복원을 완료하고 22일 개관했다 2018. 개관식에서 문재인 전 대통령은 "자주 외교와 한미 우호의 상징이며 기억해야 할 역사"라고 했다. 113년 만에 다시 태극기를 올렸다. 일본이 우리나라를 강점한 후 외교권을 빼앗을 목적으로 단돈 5달러에 강탈한 주미 공사관이다. 현재의 화폐 가치로 환산하면 건물 가액만 약 15억 원 수준이다. 문화 역사적 가치를 더하면 그 100배도 넘는다. 이렇게 일본의 침탈이 한국에 남긴 상처는 아직도 곳곳에 헤아릴 수 없이 많다.

　같은 날 일본 정부는 "2018년 일본 외교청서"를 밝혔다. 한국의 외교백서에 해당하는 국가 문서로 국내외에 외교 현안과 성과 및 전략을 망라한 것이었다. 한국과 관련된 주요 내용은 "독도는 일본의 고유 영토이며, 동해는 일본해"라는 주장이다. 한일 관계에 대해서는 "전략적 이익을 공유하는 가장 중요한 이웃 국가"라는 표현을 뺐다. 한국이 가치나 전략적 이익을 공유하는 이웃이라기보다 현안이 있을 때 협력하는 관계라는 의미로 해석할 수 있다.

일본에게 한국은 어떤 나라인가? 2005년 공개된 미국 CIA의 한국 전쟁 관련 보고서의 내용으로 한국전 당시 일본 주재 미국 대사였던 윌리엄 J. 시볼트는 "일본의 경제가 한국 전쟁으로 횡재^{橫財}를 했다"고 썼다. 1950년 한국 전쟁이 터지자 미군과 유엔군은 전쟁 물자와 각종 서비스를 조달하기 위해 일본을 병참기지로 활용했다. 미군은 전투 중에 파괴된 차량과 무기 등 군수 물자의 80% 이상을 일본에서 수리 제조했다. 당시 일본 내에 세워진 군수 물자 생산 공장만 860개소나 되었다. 한국 전쟁 첫해 6개월 동안 일본이 누린 경제적 이익은 외화 수입의 15%를 차지했다. 자동차 등 전쟁 물자 2억2천만 달러, 기지 공사 등 용역 수익 9300만 달러를 비롯해 총 3억1천5백만 달러에 달했다.^{일본 경제안정본부 통계} 한국 전쟁이 일본에 안겨준 외화 수익 비중은 1951년 GDP의 26.4%, 1952년 36.8%를 차지했고, 매년 10% 이상 늘었다.

일본 경제는 한국 전쟁 3년 차인 1952년에 세계 대전 패망 이전 수준으로 회복했다. 한국 전쟁이 일본에 준 혜택은 당시의 화폐 가치로 약 100억 달러로 추산된다. 일본은 자동차, 철강, 조선, 건설, 의약 등 산업 전반에 걸쳐 견고한 성장 기반을 마련할 수 있었다. 대표적으로 토요타자동차는 1950년 파산 위기에서 살아난 기업이었다. 1949년, 상용차 수출이 13대에 불과했다. 6.25가 발발하고 그 해에만 상용차 5502대를 수출하면서 파산을 면했다. 도요타 에이지 사장은 회고록 『결단』에서 한국 전쟁 특수特需는 "구제의 신이나 다름없었다"라고 썼다. 요시다 시게루 일본 총리도 "일본을 위한 천우신조天佑神助"라고 했다. 일본은 한국 전쟁을 기반으로 전후 20년 동안 연평균 10% 이상 성장 가도를 달렸다. 전쟁이 끝난 후 10년간 주로 전쟁 복구 물자를 한국에 공급했고, 그 후 10년은 한국 산업화를 시장으로 활용하며 성장했다. 일본은 현재도 한국이 유일하게 무역 적자를 보는 나라다.

일본은 우리에게 어떤 나라인가? 역사의 고비마다 이어져 온 침탈과 지배, 약탈의 나라다. 민족의 비극, 분단의 아픔도 그 근원은 국권의 강탈에 있다. 지금 이 순간도 독도를 일본 땅이라 주장한다. 섬나라, 기지 국가 일본의 콤플렉스와 패전 전범 국가의 트라우마를 모르는 바 아니다. 일본이 꿈꾸는 보통 국가로 가는 좋은 길은 한반도에서 찾을 수 있다. 남북이 돕는다면 말이다.

한반도에 냉전과 휴전 협정 체제를 마감하려는 대전환의 순간이 다가왔다. 동아시아 평화의 핵심은 남북한과 일본, 그리고 중국이다. 그 길은 70년의 전쟁 체제를 마감하고 동아시아의 평화와 번영을 함께 이끄는 동행 시대의 개막에 있다. 냉전 구조가 해체되면 불행했던 식민지 문제도 자연스럽게 해결될 수 있다. 남북 그리고 일본이 평화의 시대를 여는 주역이면 좋겠다. 사이좋은 이웃이길 소망한다. 그러고 나면 대한 해협을 가로질러 한반도에서 대륙으로 연결되는 보통 국가 일본의 길도 열릴 것이다.

한국은 대對일본 관계를 어떻게 만들어 가야 할까? 동북아시아의 국제 정치 역학 구도를 보면 한반도의 휴전 협정 체제는 남북뿐만 아니라 일본과도 깊은 이해관계를 갖고 있다. 일본이 동아시아와 한반도 문제에 평화 국가로서 그 역할에 충실할 것을 기대한다. 더불어 기지 국가 일본의 불안정성을 해소하는 모색도 필요하다. 아베 전 총리가 전범 국가 일본을 보통 국가로 세우려는 일련의 움직임에서 해법을 찾을 수 있다.

경계는 하되 새로운 시각이 필요하다. 일본이 보통 국가로 서는 것과 전쟁 체제를 해체하는 것은 한·일이 미래로 가는 하나의 길 위에 있다는 인식의 전환이다. 한반도의 항구적 평화체제 구축에 협력하고 평화 국가로서 자리매김하도록 돕는 것이다. 일본이 자국 내 정치의 불안정성을 해소하기 위해 더 이상 남북한과의 긴장을 조성하는 것을 막기 위해서다. 한국이 중국, 러시아를 어떻게 대우할지 고민해야 하는 이유도 같다. '자주 외교'는 한반도의 항구적 평화와 민족의 번영을 이끄는 힘이자 열쇠이기 때문이다.

1. 식민지 역사와 과거 침탈의 기억을 안고 있는 한국은 일본과 어떤 외교 전략을 취해야 하는가?
2. 일본은 한국 전쟁을 통해 경제적 부흥을 이룬 것을 어떻게 평가해야 하는가?
3. 동북아 평화 체제에서 일본은 경계의 대상인가, 협력의 파트너인가?

19

북한의 경제난과 식량 위기, 어느 정도인가?

북한의 식량 사정이 최근 10년 이래 최악이다 2020. 국제적십자사 연맹 IFRC에 따르면 지난해 농작물 생산량이 495만 톤에 불과했다. 북한 인구의 40%, 약 1010만 명이 식량 위기에 빠졌다. 유엔식량농업기구 FAO와 세계식량계획 WFP도 당시 북한 식량 문제를 해결하기 위해 약 136만 톤의 지원이 필요하다고 했다. 제임스 벨그레이브 WFP 대변인은 북한의 실제 상황이 생각보다 심각하다며 "북한 주민의 대다수가 1년 동안 고기는커녕 계란도 겨우 2-3번밖에 못 먹었다"고 말했다. WFP와 FAO의 '북한 식량안보 평가 보고서'는 식량 위기의 원인을 "대북 제재로 인한 연료·비료·농기계 및 기름 부족, 날씨 등"이라고 밝혔다. 북의 변방인 군 단위 지방 37곳을 직접 방문해 조사한 결과였다. WFP 데이비드 비슬리 사무총장도 문재인 전 대통령과의 면담에서 북한 식량 사정의 심각성과 지원의 필요성을 설명했다.

2019년 북한의 경제 상황이 매우 어려웠다. 경제 제재를 받기 전 2016년까지는 성장세였다. 무연탄, 의류 임가공, 해외 파견 노동자 임금 등이 주 수입원이었다. 수출 비중은 무연탄이 최대 13억 달러, 의류 임가공 7억 달러, 10만여 명의 해외 파견 노동자 임금 3억 달러 등으로 구성되어 있었다. 이때까지만 해도 중국에 기대어 유엔의 제재를 견딜 수 있었다. 하지만 4차 핵실험과 미사일 발사를 강행한 이후 완전히 달라졌다. 2017년, 다섯 가지 유엔 안보리제재결의 UNSCR와 '세컨더리 보이콧'이 발동되면서 대외 무역이 전면 금지되었다. 외화를 벌어들일 수 있는 통로가 90% 이상 차단되었다. 북한 수출의 93.5%를 차지하는 중국이 제재에 동참하면서부터였다 2017년. 지난해 북의 중국 수출은 88%나 추락했다. 성장률도 2018년에는 -5%로 급락한 것으로 추정되었다. 붕괴 상황이었다.

그럼에도 당시 북한 경제를 최악이라 보기는 어려웠다. 2017년, 2018년 생필품의 가격이 비교적 안정세를 유지했기 때문이다. 500여 개 상설 시장과 2000여 개 장마당 쌀값은 kg당 4800-

5200원, 환율은 1달러당 8000-8200원이었다. 큰 등락이 없었다. "당국이 강력한 안정화 정책으로 물가를 관리하고 있다"고 분석되었다Daily NK. 아직 위기를 관리할 체력이 있다는 것이다. 근거는 2017년 수입액 증가에서 찾았다. 2016년 3.9% 성장했던 북한 경제가 2017년 -3.5%로 급락했지만 수입액이 늘었다. 2016년 37억1천만 달러에서 2017년 5천만 달러 증가했다. 북한 당국이 내수 시장 안정화를 위해 수입 물량을 풀어 생필품을 공급했다는 분석이다.

북한 경제를 보는 두 가지 시각이 있다. 하나는 500여 개 상설 시장과 장마당, 비공식 노점상 등이 경제 제재의 충격을 흡수할 수 있다고 보는 것이다. 반대는 제재의 본격적인 효과가 2018년부터 나타난다는 비관적 입장이다. 무역의 95%를 차지하는 중국이 북한 제재를 거부할 수 없고, 미·중 경제 전쟁이 1-2년 이내에 끝날 내용이 아니기 때문이다. 미·중의 패권 경쟁 기간 북은 감내하기 어려운 한계 상황에 빠질 것으로 예상되었다. 그러나 북한이기 때문에 또 한 번 '고난의 행군'으로 견디어 낼 수도 있었다. 그 고통은 오롯이 주민의 몫이었다.

김정은 위원장은 한, 미, 중, 러 정상과의 회담을 통해 보통 국가로의 변신 의지를 표명했다. 외교 무대를 통해 북한 내부의 리더십을 확고히 굳혔다. 그 여세로 피의 숙청 없이 정치 권력의 세대 교체도 단행했다. 다시 과거로 회귀는 큰 부담이다. 핵 협상 교착 국면을 순리대로 푸는 길뿐이다. 한반도는 핵 문제 때문에 지정학적으로 국제 정치의 역학 구조 속에서 안전을 보장받을 위치에 있지 않다. 우리가 핵 문제에 대해 국제 사회와 궤를 같이 할 수밖에 없는 이유다. 북이 아무리 민족 자주를 앞세워 압박해도 운신의 폭이 제한적이다. 한국은 국민소득의 70% 수준을 세계 시장에서 벌어들이는 개방 국가다. 어떤 정부가 들어서도 달리 선택의 여지를 찾기 어렵다. 그래서 북과 친화적인 입장에서 '김정은 대변인' 소리를 들으면서도 외교적 중재력을 유지하려 했다.

한국은 세계 10대 경제 대국이다. 북한의 경제난 해소는 핵 문제 해결 없이 어렵다. 북 주민의 식량난 해결이라도 적극적으로 나서야 한다. 같은 핏줄임을 부정할 수 없다면, 국제 사회에 손 벌리기 전에 생색내지 말고 도와주자고 했다. 북 주민의 자존감을 살려주는 것이 곧 우리 자존심을 지키는 길이다. 잉여식량 100만 톤을 활용하면 식량 문제는 해결될 수 있다. 북도 남한을 레버리지 leverage 고정적 지출과 고정 비용이 기업 경영에서 지렛대와 같은 중심적 작용을 하는

^{일.}로 활용해야 한다. 상호 공존하면서 이익을 극대화하는 해법이다. 북의 핵무장을 풀 수 있다면, 평화와 번영, 통일의 미래를 기약할 수 있다면 무슨 일이든 마다하지 않을 것이다. 북의 힘없는 민초들의 배고픔을 또 다시 외면해서는 안 된다. 여론도 64% 이상이 북에 식량을 지원할 수 있다고 했다.

1. 식량 위기에 처한 북한 주민에게 한국은 정치적 조건 없이 인도적 지원을 해야 하는가?

2. 국제 사회의 대북 제재는 북한 경제를 실질적으로 압박하고 있는가, 아니면 우회적 적응을 허용하고 있는가?

3. 핵 협상과 경제 문제를 둘러싼 남북 관계에서 한국의 적절한 외교적 위치는 무엇인가?

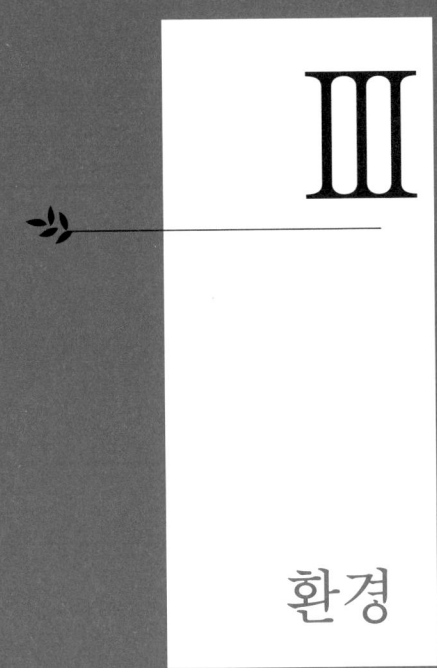

III

환경

현대 사회는 기후 변화와 바이러스 대유행이라는 중첩된 위기에 직면해 있다. 신(新)기후 체제 시대에는 탄소 감축과 지속 가능한 발전을 위한 전 지구적 협력과 국가별 대응 전략이 절실하다. 한국은 급격한 도시화와 산업화로 인해 숲의 건강성이 약화되고 있으며, 숲의 성장 한계에 다다랐다. 하지만 숲 치유의 잠재력은 통일 이후 한반도 미래 환경 회복과 사회적 통합에도 중요한 역할을 할 수 있다. 환경 위기를 극복하기 위해서는 자연과 인간의 조화로운 공존을 모색하며, 적극적인 정책과 시민 참여가 요구된다.

III

20

기후 변화와 바이러스 위기

　코로나19 바이러스가 세계적 대유행 팬데믹 이었다. 감염된 국가가 120개국에 이르렀고, 감염자도 20만 명에 달했다. 코로나19 감염자가 가장 많은 국가는 당시 중국, 이탈리아, 이란 순이었다. 21세기 들어 5번의 대형 감염병이 발생했다. 첫 번째는 2002년 중국 광둥성의 중증급성호흡기증후군 SARS, 사스 이었다. 30개국을 감염시키고 10% 치사율을 기록했다. 두 번째는 2009년 3월에 북미 대륙에서 발생한 신종 인플루엔자 H1N1 였다. 214개국에서 최소 1만855명에서 최고 20만3000명을 사망에 이르게 했다. 세 번째는 2012년 사우디아라비아에서 발생해 23개국에 퍼진 메르스 코로나 MERS-CoV 였다. 네 번째는 2014년 서아프리카의 치사율 60%의 에볼라 ebola 였다. 그리고 다섯 번째가 2019년 코로나19였다. 바이러스 위기가 다시 왔다.

코로나19의 특징은 빠른 전파 속도였다. 하버드대 경제학과 니얼 퍼거슨 교수는 이 현상을 '네트워크 효과'로 설명했다. 세계가 하나의 글로벌 공동체로 연결되어 있다는 의미였다. '글로벌 사회연결망'이 감염병의 발생과 확산 범위를 빠르고 넓게 하는 것은 확실했다. 다만 바이러스 확산의 속도와 범위는 발생 국가의 인구, 개방의 수준, 경제력에 따라 달랐다. 퍼거슨 교수는 감염병으로 인한 "네트워크 효과로 세계 제조업의 공급망 글로벌 가치 사슬 이 흔들리고 있다"고 했다. 방역을 위해 경제 교역과 여행 등 국제 교류를 중지한 결과였다. 그렇지만 잠시 국경은 차단해도 '글로벌 사회연결망'을 끊을 수는 없었다. 세계 각국이 문을 닫고 홀로 살아갈 수 없었기 때문이다.

바이러스는 면역망을 뚫고 진화했다. 신종 바이러스의 출몰 주기가 빨라지고 있다. 이제 일상적으로 바이러스 감염 공포 속에 살아야 한다. 바이러스는 기후에 민감하다. 지난 겨울은 역대 최고로 따뜻했다 2020. 평균 기온이 3.1도로 1973년 이래 가장 높았다. 한국만의 현상이 아니었다. 전 세계적으로 이상 기후 현상이 나타났다. 러시아, 호주, 노르웨이, 브라질은 이상 고온에 시달렸다. 이탈리아, 이집트, 파키스탄, 태국, 캐나다는 이상 저온과 폭설에 갇혔다. 포르투갈, 스페인, 프랑스, 호주는 폭풍과 폭우로 큰 피해를 입었다. 기후 변화에 따른 비정상적인 현상이다. 그때마다 바이러스도 함께 왔다. 기후 변화가 악바이러스의 연결고리였다.

바이러스가 중국의 산업 거점 도시를 공습했다. 세계의 공장인 중국 제조업을 멈춰 세웠다. 그리고 한반도에서 미세 먼지 고통이 줄었다. 깨끗한 겨울 공기를 누렸다. 에너지와 청정공기연구센터CREA가 2020년 1월 중국의 온실가스 배출이 25% 줄었다고 발표했다. 코로나19로 많은 공장이 가동을 중단하면서 에너지 소비가 줄고 항공, 육상 운송 등 물류가 대폭 감소한 결과로 분석된다. 바이러스가 공기 오염을 줄인 역설이다. 코로나19는 인류 문명사의 또 하나의 획을 긋는 분기점이었다. 전혀 다른 사회로의 진화를 예고했다. 그 분기점을 세울 단초는 인류 자신에게서 찾아야 한다. 그것은 자연의 질서와 생태계를 파괴한 무도함이다.

1998년 퓰리처상을 받은 제러드 다이아몬드는 저서『총·균·쇠』에서 예견했다. 인류의 문명화가 가져온 질병, 각종 변종 바이러스의 대유행이다. 인간과 동물의 공통 전염병인수 공통 전염병 출현이다. 인류의 문명화는 산업화의 다른 표현이다. 산업화는 자연 생태계를 교란시켰다. 수억 년의 세월이 농축된 화석 연료를 캐내어 에너지로 썼다. 그 열이 지구를 따뜻하게 만들고 남·북극의 빙하를 녹였다. 지구 온난화다. 석유, 석탄 등 화석에너지가 탄소를 배출하여 환경을 파괴했다. 석유·석탄과 빙하 속에 잠들어 있던 바이러스를 깨웠다. 인간이 노동력과 식량 확보, 즐거움을 충족하기 위해 동물과의 동거를 시작했다. 돌연변이 바이러스들이 속출하고 있다. 사스, 메르스, 에볼라, 코로나19 등 바이러스 위기다.

세계 바이러스 연구 단체인 세계바이러스네트워크GVC가 감염병의 발생과 각종 재난의 배경을 밝혔다. "글로벌화와 기후 변화가 바이러스 여권"이라고 분석했다. 그 대책으로 "사람과 동물, 자연 생태계를 하나로 연결하여 다층적이고 포괄적인 접근으로 해법을 찾아야 한다"고 주장했다. 지구 생태계는 하나의 체계로 연결되어 있다. 물과 공기, 하늘과 땅이 구분되지 않는다. 바이러스가 아니라 바이러스가 가리키는 곳을 봐야 답이 보인다. 기후다. 국제 사회가 바이러스 위기를 함께 성찰하면서 대책을 찾아야 한다. 기후 변화 협약만으로는 부족하다. 바이러스·세균의 무기화도 금지하고 감시해야 한다. 코로나19를 계기로 '국제감염병

협약' 같은 강제력 있는 기구와 국제법이 필요하다. 기후와 환경오염, 세균과 바이러스의 파괴력에 공감하고 방법을 찾아야 한다. 인류와 생명의 터전, 지구를 지킬 유일한 방법이다.

1. 기후 변화가 바이러스 확산의 근본 원인인가?
2. 글로벌화와 감염병 확산: 개방 사회는 지속 가능할까?
3. 코로나19 이후의 세계: 인류 문명의 방향을 다시 설정할 필요가 있는가?

21

신新기후 체제 시대의 대응

신기후 체제 시대가 피할 수 없는 숙명으로 다가와 있다 2015. 프랑스 파리에서 열린 제21차 기후 변화협약 당사국총회 COP21 가 정상 회의에 이어 신기후 체제 협상 회의까지 별 무리 없이 순항했다. 고위급 회의를 성공적으로 마치고 합의문 채택을 끝으로 사실상 신기후 체제 시대가 개막되었다. 지구 온난화를 방지하기 위해 선진국과 개발 도상국 구분 없이 모든 국가가 온실가스 감축 의무를 지게 되었다. 신기후 체제는 전 세계 온실가스 배출량의 90% 이상을 차지하는 196개국이 참여하고 있었다. 전 지구적인 기후 변화 대응 체제였다. 이로써 1997년 세계 온실가스 감축 목표를 제시한 "도쿄의정서"는 2020년에 만료되었다. 신기후 체제 시대 한국의 대응은 어떻게 진행되고 있는가?

우리나라는 이미 2030년까지 '온실가스 배출 예상치BAU' 대비 37%를 감축하겠다는 목표를 UN에 제시하며 앞장섰다. 당장에 이 목표를 실행하려 할 경우 한국 기업이 감당해야 할 부담은 컸다. 그래서 정부는 25.7%는 국내에서 감축하고 나머지 11.3%는 국제 탄소 시장에서 배출권을 구입하는 등으로 충당하겠다는 계획을 세웠다. 해외에 온실가스 감축 시설을 건설하거나 숲을 조성하는 조림 사업 등으로 온실가스 감축 목표를 달성하겠다는 것이었다. 국내 충당 목표 25.7%나 해외 11.3% 모두 기업과 국가 간에 이해관계가 첨예하게 충돌하는 문제로 쉽게 합의에 이르기는 어려운 숙제였다. 그럼에도 불구하고 우리가 전향적인 입장에서 감축 목표를 제시하고 앞장서 실행에 나서는 모습은 명분과 실리를 고려한 합리적 정책 선택이었다.

기후 변화는 특정 국가의 유불리를 따질 수 없는 인류 공동체의 절박한 위기로 대두되었다. 프란치스코 전 교황도 "대재앙을 막기 위해 개별적 이익보다 공공의 이익을 우선적으로 앞세워야 기후 변화를 해결할 수 있다"고 강조하며 지구적 차원의 협력을 촉구했다. 세계 최대의 탄소 배출국인 미국, 중국, 인도도 대의명분 앞에 몸을 낮추는 분위기였다.

기후 변화 대응은 경제와 산업 분야에서도 새로운 시장을 예고했다. 2020년 신기후 체제 출범 이후 15년간 12조 달러가 넘는 에너지 시장이 열리게 되었다. 우리 돈으로 무려 1경4000조 원 규모로 추산된다. 신재생에너지 발전 설비를 비롯해 에너지 발전 시설의 효율화, 신재생에너지 기술 개발 등 다양한 분야에서 신성장 동력이 떠오를 것으로 예상된다. 새로운 에너지 기술 시장을 선점하는 차원에서도 선도적이며 전향적인 정책 추진과 업계의 적극적 대응이 필요하다. 파리의정서는 5년마다 온실가스 감축 목표를 높이도록 재조정하는 강제 조항이 채택될 것으로 예상되어 어느 때보다 강한 실행력이 뒷받침될 것으로 보인다.

유엔은 파리 총회를 앞두고 이번 세기 말까지 지구의 평균 기온 상승 폭을 2도 이내로 억제한다는 목표를 제시했다. 이 목표를 충실히 이행한다 해도 2100년까지 평균 기온 상승 폭이 2.7도에 달할 것이라는 걱정스러운 분석이다. 인간의 정상 체온이 36.5도다. 체온이 2도 더 올라가면 고체온으로 인해 질병의 공격으로부터 무방비 상태가 되어 죽음에 이르게 된다. 지구의 온도를 2도 이상 오르지 않게 한다는 것은 안 지켜도 무방한 가이드라인이 아니다. 지구의 생명을 지키는 마지노선이다. 세계 언론이 파리 총회를 "지구의 기후 재앙을 막을 인류 역사상 가장 중요한 12일"

로 쓰는 이유도 여기에 있다.

1. 기후 위기 대응에서 '국가적 책임'과 '공동의 부담'은 어떻게 조화되어야 하는가?

2. 기후 변화 대응이 국가 산업에 위협인가, 기회인가?

3. 기후 변화 대응은 실천 가능한 생존 전략인가, 비현실적인 이상주의인가?

22

숲 치유를 통한 통일의 미래

　무더운 여름이면 사람들은 일상의 피로와 스트레스를 잠시 내려놓고 산과 바다로 휴가를 떠난다. 산업화와 도시화가 진행될수록 숲의 기능은 쉼터에 머물지 않고 삶의 터전으로 더 가까워지는 추세다. 유엔환경계획UNEP은 숲을 활용해 직접적으로 경제활동을 영위하는 인구를 10억 명 정도로 추산하고 있다. 중요한 것은 지구상에 존재하는 생물 종種의 절반 이상이 숲에 살고 있을 만큼 숲은 생명의 근원이라는 점이다. 따라서 숲을 건강하게 가꾸면서 경제적으로는 영속적인 이익과 생산을 증가시킬 수 있는 '지속 가능한 성장sustainable' 기반으로 구축하는 것이 세계적인 과제다. 매년 벌목으로 인해 지구상의 숲이 1천3백만 헥타르씩 사라지고 있기 때문이다.

숲이 줄어들면서 지구 온난화도 빠르게 진행되고 있다. 북극의 빙하가 녹아 해수면이 높아지면서 작은 섬나라들이 바닷속에 잠길 위기로 내몰리고 있는 것은 널리 알려진 사실이다. 인도양의 아름다운 섬나라 몰디브는 2100년이면 물에 잠기게 될 전망이다. 몰디브는 가장 높은 고지대가 해발 2.4미터에 불과해 20년 후면 빙하가 녹으면서 해수면이 올라가 물속에 잠긴다는 예측이다.

경관이 아름답기로 유명한, 요들송의 나라 스위스는 자연 자원을 활용해 세계적인 요양 도시로 명성을 얻었다. 그런 스위스가 즐거워할 수 없는 관광 특수를 누리고 있다. 스위스의 상징 알프스는 지난 30년 동안 평균 기온이 1.5도나 올랐다. 그 결과 80년대 중반부터 빙하가 녹기 시작해 평균 높이가 198m나 줄었다. 빙하가 녹으면서 얼음덩어리들이 쏟아져 내리기 시작했고, 이 소리를 듣기 위해 관광객들이 몰리고 있다. 온난화로 인해 파괴되는 지구가 내뱉는 고통스러운 신음이다.

이런 가운데서도 다행스럽게 우리나라는 조림에 성공한 대표적인 국가로 자리매김하였다. 전쟁으로 폐허가 된 산림을 가꾸기 위해 60년 이상을 일관되게 나무 심기에 매진해 온 성과다. 그 결과 숲은 우리에게 매일 5백30만 톤의 이산화탄소를 깨끗한 공기,

산소로 바꾸어 주고 있다. 우리나라에서 발생하는 이산화탄소 배출량의 10% 이상을 흡수해 주는 공기정화기 역할을 하고 있다. 이것을 경제적 가치로 환산하면 22조1천억 원에 해당한다.

장마철이면 홍수와 산사태 같은 재난으로 인해 큰 피해를 당하기 십상이다. 숲이 1년 동안 저장할 수 있는 빗물의 양은 192억 톤으로 소양강댐 10개가 담고 있는 물의 양과 같다. 경제적으로 20조2천억 원의 가치다. 이렇듯 산림이 주는 공익 기능을 경제적 가치로 환산하면 우리나라 숲의 자산 가치의 3천8백조 원에 해당한다. 매년 약 109조 원의 경제적 혜택을 주고 있다. 숲 은행에 3천8백조 원을 예금해 놓고 매년 109조 원의 이자를 받고 있는데, 이는 국민 1인당 연간 216만 원 정도의 혜택이다. 산림청 산림과학원 2013년 자료

산림청에 따르면, 우리나라의 산지는 이제 더 이상 나무를 심을 곳이 없다. 경제림으로 바꾸는 수종 개량이 대부분이다. 그래서 몽골, 중국의 사막까지 나무 심기에 나섰다. 그렇지만 관심을 조금만 돌려보면 국토의 절반인 북녘은 아직 벌거숭이다. 그로 인해 자연재해의 악순환이 반복되고 있다. 북녘땅을 녹색화하여 '삼천리 금수강산 錦繡江山'을 되살리는 데 힘을 모았으면 싶다. 건

강한 통일 한반도의 미래를 위해서는 바로 이런 생태계의 복원도 경제 협력 이상으로 중요하고 시급하다. 남북이 함께 하는 숲 치유의 손길로 전쟁의 상흔을 지우고 신뢰와 화합의 미래를 기약하는 것이다. 더불어 통일 한반도 숲의 자산 가치를 지금의 두 배인 8천조 원으로 불리는 신나는 일이 아닌가.

1. 숲의 생태·경제적 가치에 대한 인식 전환이 왜 중요한가?
2. 북한 산림 복원이 통일의 기반이 될 수 있는가?
3. 기후 위기 대응 전략으로서의 산림 외교 가능성은 무엇인가?

23

한국 숲, 성장의 한계에 왔다

한국은 국토의 65%가 산지로 이루어져 있다. 그럼에도 숲이 가지는 가치에는 별 관심들이 없다. 산림과학원의 조사에 따르 우리나라 산림의 공익 기능을 경제적 가치로 평가하면 126조 원에 달한다면 2014년, 국내총생산GDP의 8.5%를 차지하는 규모다. 농림어업 총생산의 4배에 달한다. 숲으로부터 1인당 연간 249만 원의 혜택을 받는 셈이다. 산림의 공익적 기능에 대한 평가액은 1987년 17조7000억 원에서 7배나 늘었다. 숲에 대한 수요가 늘어나면서 평가 분야가 넓어진 이유가 컸다.

이렇게 소중한 숲이 더 이상 가치를 높일 수 없는 한계에 이르렀다는 진단이다. 그 이유는 다양하다. 중요한 것은 숲이 늙어가면서 생장량이 감소하고 이산화탄소의 흡수와 산소 생산 능력이 줄어드는 문제다. 동시에 산림 면적의 감소도 큰 원인으로 지적된다. 성장의 한계 극복이 과제다.

숲은 숨터다. 여름에는 햇빛을 받아 증산 작용으로 주변의 열을 빼앗고 잎과 가지가 햇빛을 차단해 더위를 막아준다. 겨울에는 땅에서 나오는 열이 숲 밖으로 나가는 것을 방지해 온실 역할을 한다. 숲이 있는 지역의 기온은 여름에 평균 3-4℃ 낮고 겨울에는 평균 2-3℃ 높게 나타난다. 사람들이 쾌적한 숲을 찾는 이유다. 산림을 통한 휴양으로 얻는 경제 가치는 17조7000억 원 규모다. 숲은 도시의 열섬화도 완화시킨다. 도시 열섬화는 도시의 중심 지역이 외곽 지역과 비교해 평균 기온이 높은 현상이다. '열섬 Heat Island 현상'으로 부르기도 한다. 원인은 콘크리트 빌딩과 아스팔트 포장 도로 등이 밀집해 있는 도시의 구조다. 자동차 배출 가스도 원인이다. 배출 가스는 100℃ 수준이다. 숲이 도시 열섬화를 줄임으로써 1조1000억 원의 가치를 창출하였다.

도시의 공기 1리터에는 10-40만 개의 먼지가 들어 있다. 숲속 공기는 도시 공기와 비교할 수 없을 정도로 청량하다. 나뭇잎이 뒷면의 기공을 통해 먼지를 흡수하거나 잎에 흡착하기 때문이다.

축구장 1개 크기의 침엽수림 1ha헥타르가 연간 30-40톤의 먼지를 흡수한다. 활엽수림은 68톤의 먼지를 걸러낸다. 그 먼지가 빗물에 씻겨 땅으로 흘러들면서 공기를 정화시키는 것이 숲 생태계다. 자연의 청정 기능이다. 먼지만 걸러 내지 않는다. 숲속 공기가 항상 상쾌한 이유는 나무들이 광합성 작용을 통해 산소를 방출하기 때문이다. 잘 가꾸어진 숲 1ha는 이산화탄소 16톤을 흡수하고 12톤의 산소를 배출한다. 한 사람이 하루를 살아가려면 0.75kg의 산소가 필요하다. 숲 1ha는 44명이 숨 쉴 수 있는 산소를 공급한다. 숲이 산소를 생산함으로써 창출하는 경제 가치는 13조6000억 원 규모다.

그런데 이 숲이 줄어들고 노화되어 효용 가치가 떨어지고 있다. 숲은 경제적 가치를 넘어 생명을 지키는 인큐베이터로 그 기능이 바뀌고 있다. 100세 시대, 숲에 존재하는 다양한 천연 요소가 면역력을 높이고, 육체와 정신 건강을 회복시켜 준다. 숲에 있으면 뇌에서 생성되는 알파α파가 증가해 심리적 안정감이 높아진다. 긍정적인 감정이 증가하고 부정적 감정은 낮아진다. 숲의 생장력을 어떻게 끌어올릴 것인가? 산림청, 산림과학원 등 전문기관이 연구와 함께 대책을 마련하고 있다. 경제성이 높은 젊은 숲으로 바꾸는 수종 갱신도 그 하나다. 더 비중을 두어야 할 것은 합리적인 산지 이용 방안이다. 집중할 때가 되었다. 산림 수요 증가로 인한 무분별한 활용을 방치하면 산림의 감소와 황폐화를 막을 수 없다. 따라서 이젠 도시의 녹색화 등 산림 수요를 억제하는 노력도 시급하다.

미래

미래 사회는 급변하는 환경과 복잡한 사회 구조 속에서 다양한 도전에 직면해 있다. 여성 권력의 확대와 청년 실업, 고학력 실업 문제는 사회 전반의 역동성을 흔들고 있으며, 한국은 세계 2위의 고령 사회 진입과 함께 인구 재앙 시대를 맞이하고 있다. 이민 정책의 혁신과 구조적 문제 극복 없이는 지속 가능한 발전이 어렵다. 또한 '수퍼플루이드' 시대와 스튜어드십 코드, 리더십 위기와 이를 극복할 앙상블 리더십 등 새로운 패러다임 전환이 요구된다. 고사 위기의 관광 산업과 대기업 공익 법인의 사회적 역할 강화 역시 미래 세대를 위한 중요한 과제로 부상하고 있다. 더 나은 세상 만들기를 위한 집단적 책임과 실천이 절실한 시점이다.

24

정말 숨 막히는 세상

 유학 간 자식을 위해 아내까지 미국에 보내고 홀로 뒷바라지하던 50대 가장이 "두 아들을 끝까지 책임지지 못해 미안하다……정말 숨 막히는 세상이다"라는 말을 남기고 세상을 떠났다 2013. 유언이라기보다는 차라리 절규로 다가왔다. 우리 시대 아버지들의 삶의 무게이며 고단한 몸부림이었다. 이 같은 '기러기 가구'는 당시 우리나라 전체로 50만 가구를 넘었고 매년 2만 가구씩 늘어나는 추세였다. 미 국무부 보고서에 따르면, 미국 대학에 재학 중인 한국 유학생의 비중은 8.6%로 중국, 인도에 이어 3위를 기록했다. 인구 대비로는 단연 1위다. 왜 이렇게까지 버거운 비용을 지불하면서 유학을 보내야만 할까? 그 배경엔 영어가 으뜸이다. '영어', 마치 거대한 가위눌림으로 주눅 들게 하는 무거운 언어다. 자식이 영어라도 제대로 해야 "숨 막히는 세상"에서 숨통이 트일 것이라 생각하기 때문이다.

국내에서 영어 교육에 투자하는 비용은 얼마나 될까? 한국교육개발원 2012년에 따르면 영어 교육에 투자한 가구별 사교육비를 모두 합하면 6조4602억 원에 달한다. 공교육에 투자되는 비용은 제외한 것이다. 공사公私 교육을 합하면 10조 원을 훌쩍 넘는 비용으로 경제적 관점에서 보면 거대한 시장이다. 기회비용까지 더하면 상상을 초월하는 규모다. 우리나라에서 성인이 될 때까지 영어 교육에 투자하는 시간은 얼마나 될까? 초등학교부터 대학교까지 공교육과 사교육을 포함해 1인당 평균 2만 시간을 영어 교육에 투자하고 있다. 비영어권 국가로서 영어 능력에서 높은 수준을 유지하는 덴마크는 초등학교 4학년부터 영어를 필수 과목으로 배우기 시작해 고등학교 졸업 때까지 개인당 약 800시간 정도를 공부한다. 글로벌 어학 교육 기업 EF가 2013년 기준, 비영어권 국가 60개국 75만 명 성인의 영어 실력을 측정한 결과 한국은 우수, 양호, 보통, 미흡, 불량의 5개 등급 중에서 보통으로 분류되었다. 비용과 시간 등 투자에 비해 초라하기 그지없다. 우수 그룹은 스웨덴, 노르웨이, 덴마크, 핀란드 등 스칸디나비아반도 국가들이다.

우리 영어 교육이 무엇이 문제기에 중학교부터 대학 졸업까지 10년을 공부하고도 이 정도에 머물렀을까? 영어 능력 상위권 국가들은 대부분 회화 중심으로 공부한다. 덴마크의 영어 교육의 노출 환경을 보면 미디어 57.5%, 학교 25.9%, 기타 16.5%를 차지한다. 반면, 우리는 읽기와 쓰기 즉, 독해와 문법에 치중해 왔다. 전문가들도 공통적으로 읽기와 문법 위주의 교육이어서 실제로 의사소통 능력이 떨어진다고 지적했다. 최근 실용 영어 중심으로 바뀌고는 있지만 이렇다 할 큰 성과는 없다.

이렇게 문제가 많음을 알면서도 근본적인 개혁을 못 했던 까닭은 어디에 있을까? 정부의 정책에서부터 교육 현장, 도서 출판에 이르기까지 '영어 교육이 시장의 견고한 먹이 사슬에 묶여 있는 것이 아닌가' 하는 의구심을 갖게 한다. 10조 원이 넘는 영어 교육 시장이 소비자인 수요자의 입장에서 형성되었다고 누구도 장담할 수 없다. 우리 식으로 발음하며 읽고 쓰는 과거의 패러다임에 갇혀 매년 수조 원을 낭비하고 있기 때문이다. 공급이 수요를 지배하는 현실, 시장을 바꾸어야 교육이 바로 설 수 있는 구조적 문제다.

그 가을, 철새들이 먹이를 찾아 떠나듯 새 학기가 되면 또 얼마나 많은 우리의 '기러기 아빠' 행렬이 생겨날지 걱정된다. 더 이상의 죽음의 행렬은 막아야 하지 않겠는가?

1. 한국 영어 교육의 근본적 문제점과 개선 방향은 무엇인가?

2. 10조 원이 넘는 영어 교육 시장에서 소비자 학부모, 학생의 선택권과 시장 질서는 어떻게 형성되고 있는가?

3. 해외 유학과 가족 분리로 인한 심리적·경제적 부담은 어떻게 극복할 수 있는가?

25

여성으로의
권력 이동

 2013년, 우리나라의 남성과 여성의 성비는 정확히 절반50이었다. 공교롭게도 여성 대통령이 취임한 해에 남녀 성비까지 같아졌다. 한국 여성의 교육 수준은 세계 최고다. 대학 진학률로 보면 2009년부터 여성이 남성을 추월했다. 2013년 통계는 여성74.4%과 남성68.6%의 격차가 갈수록 벌어지는 것으로 나타났다. 국가공무원의 비율도 내년 말이면 절반 수준에 달할 것으로 예상된다. 「이코노미스트」에 따르면 유럽 등 선진국의 경우 2000년 이후 10년 동안 새로운 일자리 800만 개 가운데 75%에 달하는 600만 개의 일자리를 여성이 차지했다. 세계적으로 여성의 경제 활동이 갈수록 활발해지고 있음을 보여주는 통계다. 여성의 사회 진출을 정치학에서는 '여성으로의 권력 이동female shift'이라고까지 불린다.

이러한 현상은 경제 분야에서도 세계적인 '뉴노멀' 트렌드로 인정하는 추세다. 대한민국에서는 여성이 살아가는 데 보이지 않는 제약으로 불리는 '유리 천장'은 어느 정도일까?

경제협력개발기구 OECD의 보고에 따르면, 우리나라 여성의 대학 진학률은 1위다 2013. 반면에 전문대를 졸업한 여성의 고용률 58%은 조사 대상 23개국 중 23위, 4년제 대졸 이상의 여성 고용률 62%은 24개국 중 24위로 모두 꼴찌다. 대학을 졸업한 여성의 임금도 남성의 72% 수준에 머물고 있어 비교 대상 29개국 중 27위로 최하위권이다. 남성과의 임금 격차는 저학력층 여성 중졸 이하 66%, 고졸 62% 일수록 더 컸다. 법률구조공단 조사에 따르면, 사회 생활을 갓 시작한 저학력 20대 여성의 경우는 평균 임금이 119만 원이었다 2013년. 전체 평균 150만 원에 훨씬 못 미치는 수준으로 경제 활동 시작 단계부터 '빚의 수렁'에 빠지는 경우가 많은 것으로 분석되었다. 실제로 과도한 빚으로 파산할 우려가 있어 빚의 일부를 탕감받기 위해 개인 회생을 신청한 경우도 20대 여성이 63.1%로 같은 세대의 남성 36.9%보다 월등히 높은 것으로 나타났다. 진입의 단계에서 장벽은 낮아졌지만 독립적인 경제 주체로서 살아가기는 여전히 높고 견고한 유리 천장이다.

세계적인 미래학자 존 나이스비트 John Naisbitt 는 저서 『메가트 렌드』에서 21세기에 특징지을 새로운 트렌드를 가상 Fiction, 감성 Feeling, 여성 Female 을 묶어 '3F'로 제시했다. IT와 뉴미디어 시대의 생태 환경하에서 온라인을 중심으로 한 가상의 공간 속에서 논리보다는 감성에 조응하기 쉽게 변화될 현실을 꿰뚫어 본 분석이다. 힘의 논리가 지배했던 지난 세기의 대초원의 각축장은 사라지고 섬세한 감성과 컨텐츠가 주도하는 지식 기반 사회에서 여성적 역량은 빛날 수밖에 없다. 바로 우머노믹스 womanomics 시대다. 이러한 차원에서 OECD의 한국 '성별 격차 해소 보고서'는 설득력을 더했다. 보고서는 한국 노동 시장에서 남녀 참여의 격차를 지금 상태로 유지하면 2030년까지 1인당 국내총생산 GDP 성장률이 2.5%지만, 격차를 완전히 없앨 경우는 3.4%로 높아질 것으로 전망했다. 이제 우리 경제는 여성에서 기회를 찾지 않으면 어려운 현실이다. 그때부터 중요한 것은 주변인으로서 여성의 하층 계급화가 아닌 중심 세력으로서 권력 이동이 되어야 한다는 점이다.

지난달, 제23회 세계여성지도자회의 GSW 의 '신경제를 창조하는 여성 Women Creating NEW Economy'이라는 주제처럼 여성 스스로도 창조적 주체로서 중심부로의 참여를 개척하는 노력이 절실히 요구된다.

1. 대학 진학률은 높지만 여성의 고용률과 임금 수준이 낮은 이유는 무엇인가?
2. 21세기 사회·경제 환경에서 여성의 역할이 왜 더욱 중요해지고 있는가?
3. '여성으로의 권력 이동 female shift'을 가속화하기 위해 필요한 정책과 사회적 변화는 무엇인가?

26

아무르

'아무르'Amour는 지난해 5월 칸영화제에서 황금종려상, 지난달 아카데미영화제에서 외국 영화상을 받은 71세 영화감독 미하엘 하네케의 영화다. 우리말로 '사랑'이라는 뜻의 이 영화는 자살이라는 중산층 노부부의 마지막 선택을 통해 중장년층의 사랑, 삶과 죽음을 인생에 대한 성찰적 관점으로 묘사해 낸 감동적인 작품으로 평가받았다.

이 영화를 떠올리게 한 까닭은 우리나라 중장년층인 50대 베이비붐 세대에서 하루에 6명씩 자살로 생을 마감한다는 한국보건사회연구원 '베이비붐 세대 및 에코 세대의 자살 특성 분석 보고'2013 때문이었다. 보고에 따르면, 베이비붐 세대의 10만 명당 자살률이 2008년 31.4명에서 2011년에는 40.6명으로 늘었다. 하루 평균 6명씩 비극적인 죽음을 선택하고 있다. 자살의 원인은 복합적이 겠지만 2010년 글로벌 경제 위기 이후 조기 은퇴와 창업 실패 등 경제적 어려움과 질병이 주된 요인이라는 분석이다. 충격적인 것은 이 같은 내용이 언론을 통해 보도되었음에도 아무도 문제의식을 갖고 주목하지 않았다는 것이다. OECD 국가 중 자살률 1위 국가답게 우리 사회의 무덤덤한 반응이 더 무서웠다.

서울대 송호근 교수가 50대의 인생 보고서라 할 수 있는 『그들은 소리 내 울지 않는다』는 책을 냈다. 송 교수 역시 "농업 세대인 부모 부양과 IT 세대인 자식들의 양육을 책임지면서 근대와 현대 사이에서 성실하게 일한 세대, 이 험한 세상의 다리가 되어 왔지만, 정작 자신들이 의지할 다리는 없는 허망하고 쓸쓸한 가교 세대의 어제와 오늘 그리고 그들이 만나야 할 내일을 자신의 이야기로 그리고 싶었다"고 토로했다.

한국의 50대 장년층은 농경 시대의 부모로부터 태어나 산업화 시대의 주력 세대로서 치열한 생존 경쟁 무대에서 인생의 황금기를 보낸다. IT 시대의 개막을 열고 난 후 퇴장하는 베이비부머들이다. 그들은 젊었던 가난 때문에 포기한 대학 교육에 대한 아쉬

움으로 허리띠 졸라매며 자식들을 서울로 해외로 유학 보낸 한국의 아버지들이기도 하다. 대부분 닮은꼴로 고단한 삶의 여정을 달려왔다. 그러나 그 끝은 벗을 수 없는 무거운 짐을 진 채 고려장 같은 은퇴자나 자살로 생을 마감하는 이 시대의 암울한 초상이자 불행한 주역으로 밀려나는 것이다.

한국의 중장년, 중산층 위기의 가장 큰 이유는 '가계 궁핍화' 때문이다. 한국리서치의 조사 3월 18일에 따르면 자신을 '중중층'이라고 생각하는 사람이 2002년에 54.9%에서 2012년 39.3%로 10년 만에 15.6%나 줄었다. 반면에 '중하층'이라는 응답은 29.3%에서 38.3%로 9%나 늘었다. 자신이 실제 수준보다 더 못산다고 느끼고 있다.

실제로 국민소득 가운데 기업 자본과 노동자가 가져가는 몫의 비율인 '노동소득배분율'은 1996년 62.6%에서 계속 낮아져 지난해는 59%로 떨어졌다 2013. 국민가처분가능소득 중에서 법인과 개인에게 배분된 몫을 보면 법인은 1996년 3.4%에서 지난해 13.6%로 높아졌지만 개인은 74.1%에서 62.5%로 내려갔다. 2013 노동사회연구소 자료. 15년 동안 약 100조 원의 소득이 개인에서 기업 법인으로 옮겨간 것으로 나타났다. 특히 이명박 정부 5년 동안 국내

20개 대기업 집단의 자산 총액은 77.6%나 늘어난 것으로 밝혀졌다. CEO스코어, 2013년 2월 28일 자료.

가계의 궁핍화는 가계 소득의 감소와 가계 부채의 증가로 나타났고 이것은 다시 수요의 감소를 가져오게 되어 공급이 위축되고 자영업자 도산과 정리해고, 비정규직의 확대로 이어지는 악순환이 되풀이되게 만들었다. 기업과 가계 소득의 차이가 커지면서 가계 소비의 증가를 통해 고용 및 투자의 증가를 통해 경제 성장이 이루어지는 선순환의 고리가 끊어졌다. 그래서 지난 대선에서 '경제민주화'의 요구는 필연적으로 등장할 수밖에 없었다. 이 시대적 갈급함을 망각하는 순간 한국호는 표류할 수밖에 없는 위기에 직면하게 될 것이다.

아모르! 지금은 성장의 채찍을 맞으며 달려온 우리 자신을 향해 사랑이라는 이름의 포용과 나눔, 배려가 필요한 때다. 국가 정책의 초점도 그리 맞출 때 새로운 성장 동력도 나올 수 있음을 깨달았으면 싶다.

1. 경제적 어려움, 조기 은퇴, 건강 문제 등 자살의 복합 원인을 어떻게 이해하고 해결할 수 있을까?
2. 노동 소득 감소와 기업 자본 집중 현상이 중산층 위기에 미치는 영향은 무엇인가?
3. 산업화 세대에서 IT 세대로의 세대 교체가 사회 구조에 미치는 영향은 무엇인가?

27

청년 보고서

　유럽의 중심 도시 파리를 피의 금요일로 붉게 물들게 만든 테러의 주역들은 모두 IS에 포섭된 20대 청년들로 밝혀졌다 2015. IS도 갖가지 인터넷 광고를 통해 방황하는 청춘들을 대원으로 끌어모으고 있었다. 세계은행 WB이 발표한 보고서가 눈길을 끌었다. 그 주요 내용은 "2008년 글로벌 금융 위기 이후 경기 침체와 함께 본격화된 저성장 시대의 최대 희생자는 청년이며 이 문제는 세계 모든 나라의 가장 큰 불안 요인이 될 것"이라는 분석이었다. WB는 세계의 청년 25세 이상 29세 이하 인구가 18억 명으로 인구 역사상 최고 수준으로 늘어났지만, 이 중에서 30%가 넘는 6억2000만 명이 사실상 실업 상태라고 밝혔다. 국제노동기구 ILO의 보고는 더 참담하다. 세계의 청년 실업자를 7억3300만 명으로 추정했다. 특히 개발 도상국의 청년들은 취업을 했어도 3분의 1이 하루 2달러 이하의 적은 수입으로 살아가는 극빈의 상황에 처해 있다. 공교롭게도 파리의 테러는 종교의 문제를 덮고 본다면 WB의 예측 보고가 현실로 나타난 셈이다.

혈기 왕성한 청년 세대의 실업은 단순히 실업 문제를 넘어 복합적인 사회 문제를 내포하고 있다. 일반적으로는 실업에 따른 빈곤과 절망적인 상황을 집단적 불만으로 표출했기 때문에 사회 불안정 요소로서 폭발성을 갖고 있다. 가장 위험성이 큰 것은 극단주의의 유혹에 현혹되어 폭력 세력의 소모품으로 전락하는 것이다. 또한 경제적인 차원에서도 청년 실업은 인생 전부를 빈곤의 터널로 밀어 넣는 시발이 된다. 시작부터 사회 구조적으로 하부 구조의 틀 속에 운명 지워지는 경우가 대부분이다. 출발의 불균형이 소득의 불평등으로 연결되고 장기적으로는 빈곤의 확대 재생산 과정에 기속된다. 이는 삶의 질 저하와 소비력의 약화로 나타나 미래의 성장 기반을 무력하게 만든다.

경제협력개발기구OECD의 '소득 불평등이 경제 성장에 미치는 영향 보고'에 따르면, 34개 회원국 중 멕시코와 뉴질랜드는 소득 불평등의 확대로 누적 성장률이 10% 이상 떨어졌고, 영국, 이탈리아, 미국도 최소 6%에서 최고 9%까지 하락한 것으로 나타났다. 지속 가능한 성장을 위해서는 소득 불평등의 해소가 가장 중요한 요소라는 분석이었다. 노벨 경제학상 수상자인 조지프 스티글러츠 컬럼비아대 교수는 자신의 저서『불평등의 대가』에서 "불평등이 기득권에서 비롯되었다면 그 순기능은 없으며, 기득권에 의해 자원 배분이 왜곡되고 부패와 연고주의가 지배하게 된다"고 지적했다.

WB의 청년 보고서는 미래 세대에게 좋은 일자리를 만들어 주지 못한다면 사회 불안을 넘어 빈곤과 실업에 따른 구조적 저성장의 터널에 갇히게 될 것임을 확인시켜 주었다. 한국 청년의 현실도 예외가 아니다. 청년 실업의 해소를 누구의 책임으로 미룰 만큼 한가롭지 않다. 종교계 지도자 이영훈 한기총 대표회장은 "경제적 불균형 문제가 계속 심화될 경우 우리나라도 자생적 극단주의자들의 등장을 피할 수 없을 것 같다. 소득 불균형과 불평등의 문제를 가장 중요한 국정 과제로 삼아 해소해 나아가는 데 각계각층이 힘을 모을 때"라고 말했다. 기업은 사업성이나 경제성을 따지기 이전에 '나눔과 배려'라는 시대적 요구에 맞추어 투자에 적극적으로 나서야 한다는 주문도 내놓았다. 이론이 있을 수 없다. 가난한 청춘들을 제도권으로 편입시켜 성장의 견인차로 삶을 수 있도록 총력을 모으는 데 발 벗고 나서야 한다.

1. 청년 실업이 극단주의와 테러 등 사회 불안 요인으로 작용하는 메커니즘은 무엇인가?
2. 소득 불평등이 경제 성장에 미치는 영향과 지속 가능한 성장을 위한 정책적 해결책은 무엇인가?
3. 정부, 기업, 종교계 및 시민 사회가 각각 청년 일자리 문제 해결에 어떻게 기여할 수 있는가?

28

청년 실업 시대의
세니오르 오블리주

"연세대 나오면 뭐 하니, 취업도 안 되는데." 연세대 졸업식장에 붙었던 대자보다2015. 어려운 입시 경쟁을 뚫고 명문대에 입학해 좋은 성적으로 졸업했다. 이 정도의 스펙이면 우리나라 대기업들이 두 손 들어 환영할 줄 알았지만, 막상 오라는 데도, 갈 곳도 없었다. 통계청의 2월 고용 동향에 따르면 체감실업률로 계산한 청년 실업자 숫자는 120만 3000명으로 22%를 넘어섰다. 공식적 청년 실업률 11.1%의 두 배가 넘는 수치다. IMF 외환 위기 이후 최고 기록이다. 체감실업률조차 취업 현장의 실상과는 거리가 먼 숫자 놀음에 불과했다. 지난해 취업률 70%로 4년제 정규 대학 중 최상위권이라는 성균관대의 사례를 통해 실감할 수 있다. 취업 담당 교수는 "대학원 진학자, 졸업 유예 학생 등을 빼면 실제 취업률은 절반밖에 안 된다. 이들의 미래를 어떻게 할 것이냐"고 되물었다. 명문 대학을 졸업하고도 절반 이상이 실업자다. 이 절망적인 현실을 어떻게 해야 했는가?

청년 세대의 상당수는 스트레스성 정신 질환에 시달리고 있다고 한다. 대표적인 질환이 우울증이나 공황 장애다. 우울증은 널리 알려진 질환이다. 공황 장애는 예측할 수 없는 상황에 대한 불안으로 호흡 곤란이나 불규칙한 심장 박동, 발작 등 신체의 신경 계통에 이상이 생겨 나타나는 증상이다. 공황 장애 환자는 최근 4년 동안 82%나 증가했다. 2009년 4만 8151명에서 2013년 현재 8만 7833명으로 두 배 가까이 늘어났다. 청년들이 공통적으로 가진 스트레스 중 첫째는 취업 등 진로의 불안이다. 취업 전망은 더 어둡다. 기업은 생존 그 자체가 절박하다며 일자리 늘리기에 난색을 보인다. 정부는 세수 부족으로 여력이 없다. 우리 사회 곳곳에 청년들의 고통스러운 신음 소리가 넘쳐나고 있다. 손 놓고 있을 때가 아니다.

요즘 세대는 산업화 이후 비교적 풍요로운 환경에서 태어났다. 대부분 두 자녀 이하의 가정에서 사랑받으며 성장했고, 가족의 대들보이자 꿈 그 자체였다. 모두가 가정이나 학교에서 주인공이었던 셈이다. 그러나 그들은 실업으로 인해 주역은커녕 사회 어디에도 소속되지 못한 채 이방인으로 표류하고 있다. 이 상황을 방치할 경우 나타나는 사회적 병증의 하나가 바로 '외로운 늑대 Lone wolf' 증후군이다. 외로운 늑대는 사회 경제적 차별과 소외의 산물이다. 불안은 불만이 되었고, 궁극에는 자신도 통제할 수 없는 반사회적 돌출 행동으로 표출된다. 그만큼 이 시대 청년의 불행은 무거운 가위눌림처럼 사회 전체를 압박하고 있다. 그 처방은 테러방지법 같은 대중 요법보다는 근원적인 치유 방안에서 찾아야 한다. 세니오르 오블리주 Senior oblige, 기성세대의 책임에 답이 있다.

100세 시대, 정년이 60세로 연장되고 퇴직한 장·노년층의 재취업이 늘어나고 있다. 일자리를 두고 세대 간 쟁탈이 현실화되고 있다. 기득권으로 우월적 위치에 있는 기성세대, 그 벽을 청년이 넘기는 역부족이다. 그래서 전환기적 상황에 대한 기성세대의 새로운 각성과 책임 윤리의 재정립이 절실하다. 당장의 현안인 임금 상한제나 최저 임금 인상도 청년 일자리와 연동하여 시너지를 발휘할 수 있도록 치밀하게 퍼즐을 맞추어야 한다. 포퓰리즘에 영합하거나 기득권 지키기로는 해법이 없다. 모두가 내려놓고 국민적 대타협과 인식의 전환으로 돌파구를 찾아야 한다. 청년에게는 책임이 없다. 시대의 절벽과 맞닥뜨려 울부짖던 청년의 외로운 외침을 흘려들어서는 안 된다. 그들은 공동체의 희망이자 미래이기 때문이다.

1. 청년 실업이 우울증, 공황 장애 등 정신 질환 증가에 미치는 영향과 그 대처 방안은 무엇인가?
2. 장·노년층의 재취업 증가가 청년 일자리 문제에 미치는 영향과 기성세대의 책임은 무엇인가?
3. 임금 상한제, 최저 임금 인상 등 정책이 청년 일자리 창출과 어떻게 연계될 수 있는가?

29

한국, 세계 2위 노인의 나라

 세계 2위 노인국, 그것은 35년 후 우리의 모습이었다. 미국 통계국이 발간한 '2015 국제인구보고서'의 전망이다 2016. 한국의 고령화는 세계에서 가장 빨랐다. 전체 인구에서 노인이 차지하는 비율이 7%에서 21%까지 오르는 데 27년이 걸렸다. 중국은 34년, 일본은 37년, 미국은 89년, 영국은 100년, 프랑스는 157년이 걸렸다. 우리나라 노령화 문제의 심각성은 가난한 노인 국가로 가고 있다는 데 있다. 한국 노인의 상대적 빈곤율, 즉 가처분 소득이 중위 소득의 절반을 밑도는 비율은 49.6%였다. 이는 OECD 회원국 가운데 가장 높은 수치다. 노후 대비 없이 가난한 노인으로 살아갈 100세 시대를 맞고 있는 것이다. 노령화 대비 없이 늙어버린 노인국 한국의 미래는 어떤 모습일까?

우리의 기대 수명은 76.2세지만, 퇴직은 60세다. 100세 시대에는 대부분의 노인들이 80세까지는 현역으로 뛰지 않으면 안 된다. 정부는 급증하는 노인 부양비로 인한 연금 고갈로 복지 파산 국면을 피하기 어렵다. 노인 부양비는 15세 이상 64세 이하 생산 가능 인구 100명당 65세 이상 인구의 비중을 말한다. 2015년 당시 우리나라의 노인 부양비는 17.9%였다. 2030년에는 38%로 폭증할 것으로 전망된다. 이는 미국, 영국 등 선진국을 앞지르는 수준이다. 당장 다음해부터는 생산 가능 인구가 줄어들기 시작하며 인구 절벽에 진입한다. 2031년부터는 전체 인구가 감소하기 시작한다. 대부분의 노인들이 노후 파산 상태로 살아갈 수밖에 없다. 대한민국 국가 공동체는 인구 감소에 따른 인종 소멸을 향해 가고 있다. 이쯤 되면 장수 시대는 축복이 아니라 재앙에 가까운 상황이다.

프랑스의 인구 절벽 탈출 사례가 주목을 받는다. OECD 국가 중 가장 성공적으로 적정 증가율을 유지하고 있다. 그 핵심에는 개방적인 이민 정책과 출산·보육 제도가 있다. 적극적인 이민자 수용 정책은 생산 가능 인구를 적정 수준으로 유지하는 가장 빠른 방법이다. 이는 출산율 증가로 이어졌고, 보육 제도는 이를 뒷받침했다. 우리도 법은 있었지만 많은 제약이 가로막고 있다. 부처 간의 서로 다른 규제와 제도로 인해 무용지물이나 다름없다. '저출산·고령 사회 기본 계획'도 겉돌고 있다. 이민 정책을 일관성 있게 통합하고 조율하는 제도적 장치와 리더십이 필요하다. 이민, 출산, 입양, 보육이 하나로 연계되어야 인구 절벽 탈출의 실효성을 기대할 수 있다. 프랑스도 "출산 이후 모든 보육은 국가가 책임진다"는 원칙으로 접근해 인구 문제를 해결했다.

한국의 합계 출산율은 1.2명이다. 한 가정이 2명의 자녀를 가지면 2.0명인데, 대부분은 1자녀만을 두고 있다. 2005년, 합계 출산율이 1.05명으로 떨어졌을 때 '1.05 쇼크'라 불렸다. 인구의 절벽 추락이었다. 이후 국가 예산 152조 원을 투입했지만, 제자리걸음을 했다. 파격적인 정책 전환이 필요하다. 다문화가정 자녀, 무국적자와 미혼모 출생 등 이 땅에서 태어난 생명에 대해 국적 취득과 취학, 의료 등에 차별을 없애야 한다. 기본권적 인권 차원에서도 마땅히 취해야 할 조치들이다. 한국기독교총연합회 이영훈 대표회장은 "매년 낙태로 인해 사라지는 생명만 40만 명이 넘는다. 낙태를 엄격하게 규제하고 보육을 국가가 책임져 주면 합계 출산율 2.0은 어렵지 않게 넘길 수 있다"고 주장했다. 한국은 여러 면에서 일본과 닮은꼴이다. 일본 경제의 쇠락에는 인구 감소에 따른 경기 침체가 있었다는 사실을 간과해서는 안 된다. 노인 일본의 전철을 밟는 일은 피하고 싶다.

1. 빠른 고령화 속도와 높은 노인 상대적 빈곤율의 원인은 무엇인가?

2. 현재 한국 사회에서 이민 정책 도입 시 고려해야 할 사회적·문화적 과제는 무엇인가?

3. 낙태 규제 강화와 국가의 보육 지원 확대가 출산율 상승에 어떤 영향을 미칠까?

30

특권 추구 구조에
갇힌 한국

　한국 경제의 민낯이 또 드러났다. 우리나라의 특권 추구 지수는 경제협력개발기구 OECD 35개국 가운데 30위로 조사되었다 2017년. 특히 경제 분야 특권 추구는 31위로 세계 최악 수준이다. 경제 선진국이라 할 수 있는 OECD 회원국 중에서도 유독 한국의 경제 질서가 특권에 의해 불공정하게 운용되고 있음을 보여주는 결과다. 그다음이 정치 분야로 29위, 사회 분야는 25위였다. 자유경제연구원 자료 우리나라보다 특권 추구 지수가 낮은 나라는 이스라엘, 이탈리아, 그리스, 터키, 멕시코 등 5개 국가뿐이다. 특권 추구 지수란 정치, 정부, 사회, 경제, 개방 등 5개 분야에서 발생하는 특권 추구 행위에 따른 사회적 비용을 측정하고 평가하는 지수다. 국가 특권 추구 지수를 통해 평가할 수 있는 또 다른 중요한 가치는 국가 공동체의 건강성이다.

우리 사회의 모든 분야에는 특권 추구 행위가 만연해 있다. 특권 추구 행위는 기회의 불평등, 국가 자원 배분의 불공정, 법과 사회 규범을 무력화하는 부정부패의 다른 이름이다. 그것은 공동체 전체를 갈등과 분열로 내몬다. 세계 부패 방지 운동을 주도하고 있는 국제투명성기구가 발표한 한국의 국가 청렴도는 그 전해 37위에서 52위로 추락했다 2017년. 역대 최저 수준이다. OECD 회원국 중에서도 29위로 사실상 최하위나 다름없다. 우리 사회에 이른바 '수저 계급론'이 등장한 배경도 이 같은 조사 분석과 일치한다. 경제에서의 특권 추구는 자본주의 시장 경제 질서의 근본을 흔드는 문제다. 기회의 불평등이 곧 소득의 불공정으로 이어지기 때문이다. 대한민국은 국가 공동체가 정상적으로 작동하고 있지 않다는 의미로 분석된다.

자유 시장 경제 체제에서 가장 중추적인 경제 주체인 기업의 특권 추구 행태도 개선되지 않고 있다. 대표적으로 '일감 몰아주기'는 재벌 그룹에 이어 중견 그룹까지 갈수록 느는 추세다. 자산이 5조 원 이상인 재벌 그룹의 경우, 계열사들이 총수 일가 지분이 20% 상장사는 30% 이상인 계열사에 일감을 몰아주거나 부당하게 사업 기회를 넘겨주는 행위 회사 기회 유용를 하면 제재를 받는다. 그러나 여전히 각종 편법을 동원해 이루어지고 있어 근절이 어려운 상태다. 총자산 5조 원 미만인 중견 그룹은 제재 대상조차 아니었다. 이렇다 보니 규제의 사각지대에서 공공연하게 '일감 몰아주기'가 진행되고 있다. 기득권에 기대어 일감 몰아주기로 이루어진 선단식 기업 집단에는 국제 경쟁력이 있을 수 없다. 이는 건강한 기업 생태계 구축을 방해할 뿐이다. 한국은 GDP의 80%를 해외에서 만들어 내는 경제 구조를 갖고 있다. 세계 시장에서 경쟁력을 잃는다면 추락할 수밖에 없는 구조다.

특권 추구 구조는 기업에만 국한된 것이 아니다. 다양한 기득권의 형태로 경제 전반에 확산되어 있다. 노동 시장의 경우, 정규직과 비정규직 간의 이해관계 충돌이 대표적이다. 경제 성장이 정체된 상황에서 기득권 노동자의 양보 없이는 일자리 확대가 매우 어렵다. 새로운 노동 수요가 없었기 때문이다. 비정규직 고용이 정규직을 대체하는 현실이다. 대책 없이 방치되는 상황이 계속되어서는 안 된다. 보상 체계를 바꿔야 한다. 정규직은 고용 안정이라는 보상을, 비정규직은 높은 보수를 통해 미래의 위기를 대비할 수 있도록 하는 방식이다. 이렇듯 기득권의 형태로 구조화된 특권 추구를 해체하는 방법은 제도적 안전망을 통해 생산적으로 대체해 가는 길뿐이다. 국가 공동체 전반에 만연한 특권 추구 구조는 창의적 역동성을 가로막고 있다. 경제의 특권 추구 구조는 자본주의와 시장 경제 자체를 위협하고 있다. 건강한 경쟁 질서의 회복이 급선무다.

1. 특권 추구가 기회의 불평등과 부정부패로 이어지는 구조적 원인은 무엇인가?
2. 대기업과 중견 기업에서 발생하는 특권 행위가 시장 경쟁력에 미치는 영향은 무엇인가?
3. 기득권 노동자의 양보 없이는 청년 일자리 창출이 어려운 현실의 원인과 해법은 무엇인가?

31

인구 재앙 시대의 이민 정책

우리나라에 체류하는 외국인의 숫자가 지난해 말 200만 명을 넘어섰다 2017. 이 중 80만 명은 외국 국적을 가진 동포다. 체류 외국인 중 절반 정도인 96만 2천 명이 한국에서 취업해 일하고 있다. 이들 대부분은 단순 노무직에 종사하고 있다. 취업비자를 받아 일하고 있는 경우도 50% 55만 4천 명 이상이 비전문 단순 노무직에 종사하고 있다. 체류 외국인의 숫자는 전체 인구 대비 약 4% 수준이다. 매년 취업, 결혼 등의 이유로 약 30만 명이 유입되고 있다. 주목할 부분은 체류 외국인 증가 추세가 매우 가파르다는 점이다. 한국은 이미 1990년, 해외로 나가는 인구보다 들어오는 인구가 더 많은 순이민국이 되었다. 그때부터 유엔이 정한 기준에 따라 한국은 후발 이민 국가로 분류되기 시작했다. 문제는 순

이민국이 되었음에도 불구하고 이렇다 할 이민 정책이 없었다는 점이다.

장기적이고 전략적인 안목에서 마련된 이민 정책이 없다 보니, 체류 외국인의 대부분은 단기 또는 일시 체류형에 머무르고 있다. 체류 외국인의 특징 역시 불법 취업이 대부분이다. 취업의 유형도 부족한 노동력을 보완하는 방편으로 활용하는 수준에 그친다. 취업 비자를 받고 입국한 외국인 중에서 전문·숙련 인력으로 분류된 사람은 약 4만 9천 명에 불과했다 2017. 비취업 비자 자격의 인력은 점차 늘어나는 추세다. 이들은 대부분 유학생, 재외 동포, 결혼 이민자 등이 대다수를 차지하고 있다.

인구 절벽 시대를 맞이한 우리나라의 입장에서, 이민 정책을 이대로 방치하고 있을 상황이 아니다. 지난해 우리나라 총 출생아 수는 40만 6천 명으로 사상 최저치를 기록했다. 여성 한 명이 평생 낳을 것으로 예상되는 평균 출생아 수인 합계 출산율은 1.17명으로 떨어졌다. 이는 OECD 34개 회원국 중 최저 수준이다. 경제 성장을 이끌 동력은 고갈 위기로 향하고 있다.

출구는 보이지 않는다. 우리는 유럽의 난민 정책에 주목할 필요가 있다. 사회 통합과 안전에 값비싼 비용을 치르고 있었지만, 경제적 관점에서는 상황이 달랐다. 2015년 독일에 새로 등록된 기업 중 44%를 이민자들이 설립했다. 영국의 경우, 영국인 평생 거주자의 창업 비율은 5.3%에 불과했지만 이민자의 창업 비율은 15.4%에 달했다. 미국도 마찬가지였다. 『포춘 Fortune』 500대 기업에 드는 미국 기업의 40% 이상이 이민자나 그 2세가 설립한 기업이었다. 실리콘밸리의 벤처 기업들은 이민자를 빼고는 설명할 수 없다. 우수한 전문 인력 이민자들이 위기 극복의 용기와 도전정신으로 기업가 정신에 불을 붙이고 있는 사례들이다. 반면 한국은 체류 외국 인력 중 약 30%만이 전문대졸 이상의 학력을 보유하고 있다. 대부분이 2-3년 정도 체류하며 기술이나 숙련 노동을 익힌 후 귀국하는 단기 순환형이다. '이주 근로자' 원칙 때문이다. 전략은 존재하지 않는다.

2017년 인구 대재앙이 예측됐다. 첫째, 신생아 40만 명 출산이 무너질 것이라는 점이다. 둘째, 65세 이상 노인 인구가 생산 가능 인구 14-64세를 넘어서는 노령 사회에 진입할 것이라는 전망이다. 셋째, 생산 가능 인구 3763만 명가 그 해 정점을 찍고 감소하기 시작한다는 사실이다. 인구 재앙에 대비한 이민 정책을 다시 세워야 한다. 그 핵심은 고급 전문 인력을 유인하고 정착하도록 하는 정주화 이민 정책이다. 미국도 세계의 우수 인력에 이민 문호를 개방하여 국가와 산업의 경쟁력을 유지하고 있다. 이민을 개방적으로 수용하지 않고 선진국에 진입한 나라는 없다. 일본만이 인구 1억 명의 경제 규모로 선진국에 진입한 예외적인 사례다. 2006년 1인당 국민소득GNI 2만 달러를 넘어선 후 11년째 3만 달러를 넘지 못하고 있는 우리의 현실은, 인구 3대 재앙이 추락의 적신호임을 말해주고 있다.

1. 현재 한국 이민 정책의 문제점과 개선 방안은 무엇인가?
2. 전문 인력 이민 유치와 국내 산업 발전을 위한 전략적 지원 방안은 무엇인가?
3. 단기 순환 이민이 한국 경제와 사회에 미치는 한계와 문제점은 무엇인가?

32

구조화된 청년·고학력 실업

　청년 수난의 시대다. 네 명 중 한 명이 실업자였다. 3월 말 기준 24.0%였다2017. 통계청이 공개한 청년15-29세 고용 지표를 보면, 지난 3월 공식적인 청년 실업률은 11.3%였다. 이 숫자만 보면 청년 실업 문제가 그리 심각하게 다가오지 않는다. 하지만 내막은 달랐다. 이 통계에는 취업 준비생취준생, 공무원 시험 준비생공시생, 시간제 취업 가능자인 아르바이트 학생일명 알바생 등이 빠져 있다. 이들을 포함한 실질적 실업률을 '체감 청년 실업률'이라 부른다. 24%와 11.3% 사이의 두 배가 넘는 차이는 실업률 산정 방식의 차이 때문이다. 공식적인 실업률은 실업자 수를 취업자와 구직 활동 중인 실업자경제 활동 인구의 합으로 나누어 계산했다. 정부가 모처럼 체감 실업률을 공개한 것은, 공식 실업률만으로는 효과적인 실업 대책을 세우기 어려웠기 때문이다. 또한 숫자로만 본 실업 통계로는 그 심각성을 체감할 수 없었기 때문이다.

경제 활동 인구만 보더라도 그렇다. 취업을 준비하는 활동을 하고 있거나, 공무원 시험을 준비 중이거나, 아르바이트를 하며 정규직 취업을 준비하고 있는 청년들, 더 나은 일자리를 기다리며 구직에 나서지 않는 경우 등도 경제 활동 인구로 잡혔다. 비전문가들이 이해하기 어려운 구조다. 사실상 실업자인 이들이 공식 실업률에는 포함되지 않았기 때문이다. 피부로 느끼는 실질적 체감 청년 실업률로 추정한 청년 실업자는 120만 명을 훌쩍 넘었다. 약 450만 명의 청년 중에서 1/4이 백수다. 공식적인 청년 실업률 기준 실업자 50만 명, 알바생으로 활동 중인 시간 관련 취업자 8만 명, 공시생과 취업 준비생 등 잠재 경제 활동 인구 64만 4천 명만 더해도 122만 4천 명에 이른다. 숫자도 문제였지만, 청년 실업의 구체적인 실상을 들여다보면 더 심란하다. 취업과 실업의 질적인 측면도 갈수록 나빠지고 있다.

대졸 고학력자의 절망 시대다. 단기 계약직이나 비정규직이 대세가 되어 있다. 정부가 전년도에 추진한 '청년 고용 절벽 해소 종합 대책'에 따라 취업한 청년 중 42.4%가 비정규직이다. 임금 수준도 40.1%가 150만 원 미만이다. 전체 실업자 중에서도 대졸 이상 고학력자가 사상 처음으로 50만 명을 돌파했다. 고졸 이하 실업자 수를 능가하기 시작한 것은 이 시점부터다. 이 같은 추세는 시간이 갈수록 더욱 심화되었다. 대졸 이상 비경제 활동 인구는 352만 8천 명이다. 지난 1분기에는 취업 의사가 있음에도 불구하고 구직 활동을 아예 하지 않고 있는 사람들이 이 숫자에 포함되어 있다. 고학력 실업자와 청년 실업자의 증가 배경 중 가장 핵심적인 원인은 일자리의 질이다. 한마디로, 안정적인 양질의 일자리가 드물어 구직을 포기하는 청년이 많다는 것이다. 총체적인 실업난이 가져온 병폐는 빈부의 양극화다. 이 양극화는 소비의 절벽과 성장의 종말을 예고하는 신호다.

양극화는 구조적인 문제다. 노동 시장은 정규직과 비정규직, 대기업과 중소기업으로 나뉘어 빈부 격차를 좁히기 어려운 구조로 고착화되어 있다. 기업 구조 역시 대기업과 중소기업의 간극이 극과 극으로 벌어져 있다. 시민 사회도 마찬가지다. 많이 가진 계층은 더 이상 소비할 필요가 없어 소비를 하지 않고, 가진 것이 없는 계층은 소비할 여력이 없어 멈춰 선 채 좌절하고 있다. 다듬고, 고치고, 해체해 다시 세워야 할 구조는 한두 가지가 아니다. 국가 공동체의 비전은 문제에 대한 정확한 진단에서 비롯된다.

처방은 꿈꾸는 미래의 비전을 만들어 낼 설계도다. 새 대통령의 가장 첫 번째 과제는 구조 개혁이다. 그중에서도 경제는 일자리를 창출하고, 소득을 발생시키며, 소비를 일으켜 성장 동력을 만들어 내는 일이다.

1. 체감 실업률 산정 방식과 정책 수립에 미치는 영향은 무엇인가?
2. 대졸 이상 청년 실업자가 증가하는 구조적 배경과 그 사회적 영향은 무엇인가?
3. 청년 실업 문제 해결을 위한 구조 개혁과 일자리 창출 전략은 무엇인가?

33

수퍼플루이드
시대

 '수퍼플루이드' 시대가 열렸다. 수퍼플루이드 Superfluid 는 원래 물리학 용어다. 물체가 움직이는 동안 방해하는 마찰이 없어 운동 에너지를 잃지 않는 초유동성의 액체 흐름을 설명하는 개념이다. 최근에는 경제 분야에서 사용되기 시작했다. 수퍼플루이드의 경제학적 의미는 상품과 서비스의 유통 과정에서 생산자와 소비자, 생산자와 판매자 사이에 개입하던 중개 유통 도매, 소매 등 이나 중개 서비스가 사라지면서, 물류의 흐름이 초고속으로 진행되는 현상을 뜻한다. 그로 인해 거래 과정에서 창출되던 부가 가치 등 기존의 가치 사슬 value chain 이 무너지게 되고, 이는 곧 중개 비용이나 유통 수수료로 영위하던 기업들이 사라지게 된다는 의미다.

글로벌 회계 컨설팅 법인 EY한영의 변준영 산업연구원장은 지난 16일 신년 경제 전망 세미나에서 수퍼플루이드 시대의 변화 속도를 산업 혁명의 진화 단계에 맞추어 설명했다. 그는 "증기 기관의 발명으로 시작된 1차 산업 혁명, 컨베이어벨트와 분업으로 시작된 2차 산업 혁명의 시대는 점성viscous 시대였다. 이 시기에는 판매자와 구매자가 한데 모여 거래를 했고, 유통 중개업자들이 가져가는 유통 비용은 상품 가격의 33%에 달했었다. 인터넷과 모바일 기술, 로봇을 통한 생산 자동화가 기반이 된 3차 산업 혁명은 유체fluid의 시대로, 이때 거래 비용은 급감했다. 오프라인 시장의 영향력이 크게 줄고 디지털 상거래가 급증하며 시장의 유동성이 커졌기 때문이었다"고 설명했다. 그에 따르면 이어지는 초유동성의 실체가 바로 수퍼플루이드다.

수퍼플루이드 시대는 블록체인block chain 기술, 인공 지능AI, 사물인터넷, 빅데이터 등 디지털 기술을 기반으로 시작되었다. 세계 최대의 전자 상거래업체 아마존은 인공 지능을 활용한 무인 점포 '아마존고Amazon Go'를 개점했다. 아마존고에서는 소비자가 점포에 입장해 상품을 고르고 가방에 넣은 뒤 점포 운영자의 개입 없이 출입대를 빠져나가는 순간 결제가 자동으로 이루어진다. 이 과정에서 주목할 점은 사람이 필요 없고, 결제 과정에서 카드

사 같은 중개 결제 기관이 빠져 수수료가 사라지며, 국경을 넘는 직거래가 실현되고 있다는 것이다. 당시에는 시범 운영 단계였지만, 이는 빠르게 확산될 수밖에 없는 혁명의 물결이다.

혁신적 미디어 매체가 등장해 사용자 5천만 명을 확보하는 데 걸린 시간을 보면 변화의 속도를 예측할 수 있는데, 전화는 75년, 라디오는 38년, TV는 13년, 인터넷은 4년, 스마트폰은 3년, SNS 서비스라인은 1.1년, 왓츠앱WhatsApp은 불과 2개월이었다. 전화에 비해 소셜미디어는 450배 더 빠르게 확산되었다. 변 원장은 "1990년『포춘Fortune』지가 선정한 글로벌 500대 기업 중 2016년 현재 살아남은 기업은 95개뿐이었다. 81%가 사라졌으며, 기술의 진보에 발맞춰 제품과 서비스를 개발하고 시장을 선점한 리더만이 살아남았다"고 설명했다. 세계가 하나의 시장으로 연결되면서 속도 경쟁은 피할 수 없는 현실이 되었다. 온·오프라인 매장의 경계는 사라지고 국경도 의미를 잃었으며, 글로벌 기업과의 경쟁은 새로운 형태와 방법으로 진행되었다. 수퍼플루이드, 4차 산업 혁명 시대에 한국은 어떤 기술로 경쟁해 나가야 할까?

1. 블록체인, 인공 지능, 사물인터넷 등 신기술이 기존 유통과 산업 구조에 미친 영향과 도전 과제는 무엇인가?
2. 빠른 기술 변화와 시장의 유동성 속에서 기업이 지속적으로 혁신하며 경쟁력을 유지하기 위한 전략은 무엇인가?
3. 온·오프라인 경계가 사라지고 국경을 넘는 경쟁 환경에서 한국 기업과 정부가 준비해야 할 정책과 전략은 무엇인가?

34

스튜어드십 코드

　우리나라 최대 기관 투자자인 국민연금이 '스튜어드십 코드 Stewardship code'를 도입하기로 하고 시행안을 공개했다. 스튜어드십 코드란 '기관 투자자의 의결권 행사 지침'이다. 스튜어드 steward의 사전적 의미는 '청지기' 또는 '집사'인데, 여기에 코드 code를 더하면 청지기의 굴레, 또는 암묵적 행동 수칙이라는 의미로 해석될 수 있다. 따라서 스튜어드십 코드는 기관 투자자인 국민연금이 자산을 출연한 국민의 이익과 자산 가치를 지키는 집사로서 어떻게 행동해야 하는지를 정한 지침이다. 쉽게 말해 '집사 행동 준칙' 또는 '청지기 직무 수행 준칙'이라 할 수 있다.

　국민연금이 공개한 스튜어드십 코드의 내용은 한마디로 막중

한 책무에 비해 너무 소극적이다. 주주권의 행사는 경영진과의 비공개 대화, 중점 관리 기업의 공개, 경영진에 대한 공개서한 발송, 의결권 행사, 주주 대표 소송 등의 도입에 그치고 있다. 국민연금이 주주의 가치를 훼손하는 기업에 대해 먼저 개선을 요구하고, 받아들이지 않을 경우 해당 기업의 경영진에 사외 이사나 감사를 추천하는 강도 높은 주주 제안권은 제외시켰다. 이는 가장 강력한 영향력을 행사할 수 있으며 실질적으로 경영을 감시할 수 있는 권한이다. 국민연금 측은 경영권 침해 우려와 실정법상의 규정이 미비한 점 등을 고려해 이를 포기했다고 밝혔다. 자본 시장법의 입법 취지에 비춰볼 때, 기관 투자자가 경영에 직접 참여하는 것은 경영권 침해에 해당된다는 것이다. 이로 인해 스튜어드십 코드의 도입 취지는 퇴색될 수밖에 없다.

이 정도 수준의 스튜어드십 코드로는 경영진의 주주 가치 훼손 등 경영 실패에 대한 책임을 묻기 어렵다. 기껏해야 경영진의 횡령, 배임, 사익 편취 행위 등이 발생했을 때 이를 중점 관리 대상 사안으로 선정하고 비공개 대화를 통해 개선을 요청하는 수준이다. 개선되지 않을 경우에는 공개서한을 발송하거나 주주 총회 의결권 행사로 손해 배상 소송 등을 진행할 수 있을 뿐이다. 그러나 이미 발생한 손실을 만회하기는 사실상 불가능하다. 기업이 도산하는 등 최악의 경우에는 아무런 피해 구제 능력을 가질 수도 없다. 주주들이 개선을 요구해도 경영진이 이를 수용하지 않을 경우, 피해를 사전에 예방할 수 있는 강력한 실효적 수단이 아니었기 때문이다. 오너십Ownership이 결여된 민간 기업일수록 주주권은 취약했으며, 특히 공기업에서 민영 기업으로 전환된 사실상 국민 기업에서 일어나는 폐해는 더욱 심각하다. 합법적인 감시 장치가 없었던 탓에 각종 불법행위에도 대부분 책임을 물을 수 없다.

기관 투자자인 국민연금 등은 주주의 이익을 보호하기 위해 이번 기회에 강력한 실효적인 장치를 마련할 필요가 있다. 그중에서도 주효한 것은 투자 기업에 사외 이사와 감사를 추천하는 것이다. 자본 시장법에 반反하는 경영권 침해라는 비판이 있었지만, 장하준 케임브리지대 교수는 "노동자가 주주권을 행사하면 사회주의이고, 자본가가 행사하면 자본주의인가?"라며, "독일, 스웨덴의 주요 기업들같이 노동자와 지역 사회 대표 등을 이사로 참여시켜 단기 투자 주주보다는 기업의 장기적 성장에 관심 있는 사람들의 의견을 반영하는 것"이 필요하다는 대안을 제시했다. 국민연금 기금이 국내 주식에 투자하고 있는 규모는 약 135조 원으로 전체 기금 635조 원의 21% 수준이다. 국민연금의 고갈을 막고 일정 수익률을 유지하기 위해서는, 기업에 대한 강력한 감시와 관리 장치로서 스튜어드십 코드가 절실하다.

1. 현재 국민연금이 도입한 스튜어드십 코드가 가진 소극적 성격과 그 한계는 무엇이며, 이를 극복하기 위한 구체적 개선 방안은 무엇인가?
2. 기관 투자자가 사외 이사 추천 등 경영 참여를 강화할 경우 발생할 수 있는 경영권 침해 문제와 그에 대한 법적·사회적 쟁점은 무엇인가?
3. 국민연금의 기금 운용과 기업 감시 기능을 균형 있게 강화할 방안은 무엇인가?

35

고사 위기의
한국 관광

　한국인 해외 여행객이 3천만 명을 돌파할 전망이다2019. 2017년에는 2천6백50만 명, 2018년은 2천7백만 명을 넘길 것이 확실했다. 한국은 1988년 올림픽 개최국으로서 해외 여행 자유화 조치를 취했다. 이후 16년 만인 2005년에 1천만 명, 11년 차인 2016년에 2천만을 넘어섰다. 그리고 불과 3년 만에 1천만이 늘어나는 진기록을 세웠다. 한국인이 선호하는 여행 국가 순위는 일본500만 명, 중국476만 명, 미국200만 명, 베트남150만 명, 필리핀147만 명, 태국146만 명, 홍콩139만 명, 대만88만 명 순이었다2016년. 반면에 한국에 입국하는 해외 관광객은 중국806만 명이 가장 많았다. 다음은 일본229만 명, 미국87만 명, 대만83만 명, 홍콩65만 명, 필리핀55만 명, 태국47만 명 순이다. 한국 방문 여행객 추이에서 가장 눈에 띄는 것은 중국 관광객이다. 2017년 한국의 사드 배치에 대한 보복 조치로 중국 관광객 입국이 절반 수준인 470만 명으로 급락했다. 한국의 관광객 상위 순위는 출입국 통계 모두에서 이들 8개 국가로 나타났다. 중국과 대만을 제외하고 한국 여행객이 상대국에 비해 2-3배 이상 많았다.

한국인의 해외 여행이 많았던 것은 여행 취향도 한몫했다. 2017년 통계청 사회 조사에 따르면 한국인이 희망하는 여가 활동 1위는 관광 46.5% 이다. 절반에 가까운 한국인이 여행을 좋아한다. 때문에 당시 3천만 명이 해외 관광에 나설 것이라는 전망이 괜한 숫자가 아니다. 한국의 관광 수지는 만성 적자를 벗어나지 못했다. 2006년부터 10년 동안 총 누적 적자는 476억 달러로 약 57조2천억 원 규모였다. 적자 폭도 갈수록 늘어나는 추세다. 2017년에는 한 해 동안에 무려 137억 달러 적자로 사상 최대의 기록을 남겼다. 내수 경기는 침체에 허덕였고 관광수지 적자는 쌓여갔지만 한국의 관광 정책에는 위기의식이 없다. 평창 동계올림픽 특수까지 있었지만 베트남의 1천6백만 명보다 1백만 명 이상 적은 1천5백만 명 수준에 그칠 것으로 추산됐다. 1990년대 한국 관광은 입국자 수에서 일본보다 앞섰다. 지금은 절반 이하로 떨어졌다. 일본은 지난해 말 기준 3천1백만 명을 넘길 것으로 예상됐다. 당시 추세로 보면 한국의 8대 관광 교역국 중에서 홍콩, 대만까지 곧 한국을 앞지를 것으로 예측됐다.

한국의 관광 산업은 더 이상 추락할 수 없는 밑바닥까지 갔다. 쇠락을 넘어 고사 위기라 해도 지나치지 않다. 반등의 조짐이나 노력도 보이지 않는다. 경쟁국 일본은 2012년까지 입국자 수에서 한국에 뒤졌다. 현재는 한국을 두 배 이상 앞질렀다. 정부 차원의 관광 진흥 정책으로 뒷받침했기 때문이다. 당시 한국은 경제 사회적 환경과 분위기도 일과 삶의 조화를 찾는 방향으로 가고 있었다. 주 52시간 근무에 연차 월차 등 각종 휴가를 권장했다. 해외 관광에 최적의 조건이었다. 관광 수지를 개선하기 위해 해외 관광을 금지하거나 억제할 수는 없다. 대책은 한국 관광 산업의 경쟁력을 강화하는 길뿐이다. 국내 관광을 활성화할 수 있도록 관광 인프라를 다변화해야 한다. 동시에 소위 '가성비'를 높여야 한다. 같은 비용을 지불해야 한다면 굳이 국내보다는 해외 여행을 택하는 것이 일반적인 소비 심리다. 국내 관광은 해외 관광에 비교해 만족도가 월등하게 높아야 활성화할 수 있다. 경쟁력은 한국인의 여행 수요를 국내 관광으로 상당 수준 대체하기 위한 필수 요소다. 해외 관광객 유치도 마찬가지다.

해외 관광객이 한국에 와서 쓰는 1인당 평균 지출 규모가 갈수록 줄고 있다. 1,713 달러에서 1,482 달러로 감소했다2015. 지출 비용이 줄어든 것은 한국의 관광 상품과 서비스가 기대 수준에 못 미쳤다는 뜻이다. 한마디로 국제 경쟁력이 떨어진다는 의미다. 그만큼 관광 인프라 구축에는 국가 정책과 투자, 연구 개발이 중요하다. 관광 권역도 수도권 중심에서 지역 관광으로 확산하는 것이 1차 과제다. 저가 항공, 지방의 공항과 철도, 고속도로 등 각종 물류 인프라를 효율적으로 이용할 수 있는 IT 구축이 기본이다. 다음은 내용이다. 한국 관광의 절대 다수를 차지하는 중국과 일본 관광객의 주요 쇼핑 품목은 김, 김치 등 식료품과 화장품, 의류, 신발이다. 제주공항 면세점이 제주 관광의 기폭제 역할을 했던 것처럼 각 지역의 관광 거점에 면세 매장 설치도 중요하다. 동시에 한류를 비롯해 종교의 성지나 자연유산 등 특화된 자원, 특산품에 역사와 문화를 엮어내는 다양한 스토리텔링이 필요하다. 웰빙 시대다. 모두가 해외로 간다. 내수 경기를 살리는 차원에서도 관광 산업 육성은 중요하다. 나아가 보다 원천적인 것은 한국인의 여행 문화, 여행의 참뜻에 대한 교육과 이해를 바로 세우는 것이다. 한국을 선진형 관광국으로 자리매김하는 것이 기본이다.

1. 해외 관광객 유치와 국내 관광 활성화를 위해 관광 인프라, 서비스, 지역 관광 확대 등 어떤 전략과 투자가 필요한가?

2. 한국인의 해외 여행 증가 추세 속에서 국내 관광 만족도를 높이고 내수 경제에 긍정적 영향을 미치기 위한 정책과 문화적 접근법은 무엇인가?

3. 한류 문화, 역사, 자연유산, 웰빙 등 한국만의 특화 자원을 효과적으로 연계한 스토리텔링과 관광 상품 개발 전략은 어떻게 설계되어야 하는가?

36

대기업의 공익 법인과 사회 공헌

　공정 거래위원회 공정위가 사회 공헌을 목적으로 설립된 공익 법인의 운영 실태를 조사했다. 조사 대상은 자산 5조 원 이상 대기업 집단 165개 공익 법인이었다. 조사 결과 상당 부분에서 문제점이 발견되었다. 공익 법인은 기업이 벌어들인 이익을 사회에 환원하는 차원에서 재산을 출연해 재단 법인 형태로 설립·운영했다. 따라서 그 설립 목적도 사회 공헌을 위한 공익 사업 등 구체적인 활동 계획을 명시하고 있다. 재산을 출연한 모기업의 사업과 관련이 있거나 사회적 요구를 목표로 한다. 인재 양성을 위한 장학금이나 특정 분야의 연구 기금, 문화 예술 진흥, 생명과 환경 보호, 사회적 소외 계층 지원 등 다양한 사회 공헌 사업이다. 나름대로 설립 목적에 충실하게 사업을 수행하는 공익 법인이 없지 않다. 문제는 일부 재벌 소속 법인들이 명분만 그럴싸하게 포장했을 뿐 반공익적 행태가 도를 넘고 있다는 것이다.

공정위는 공익 법인의 일탈 운영 사례를 적시했다. 가장 빈번한 남용 사례는 절세節稅와 기업의 지배력 강화다. 기업의 '오너 owner 일가'가 상속세 등 세금을 아끼면서 기업 지배력을 확보하기 위한 도구로 삼았다. 창업자 또는 그 2세가 출자한 회사의 주식을 재단이 보유하도록 하여 규제를 피하는 방식이다. 계열사를 지원하는 우회 통로로 이용하기도 했다. 대표적으로 한진그룹이 대한항공 운영 자금을 마련하기 위한 유상 증자에 공익 법인 정석학원을 동원한 사례가 있다. 공익 법인을 활용해 계열사에 일감을 몰아주는 것도 단골 메뉴다. 정부는 대기업이 계열사에 일감을 몰아줄 수 없도록 보유 지분을 규제하고 있다. 규제를 피하기 위해 공익 법인을 지분을 낮추는 데 상장사 30%, 비상장사 20% 이하 동원한다. 계열사의 지분을 공익 법인에 보유하게 하여 분산시킨 뒤 지분율을 낮추고 일감을 몰아준다.

자산 5조 원 이상인 대기업 집단의 내부 거래 실태가 그 심각성을 증명했다. 내부 거래는 2013년 말 기준으로 15.7% 수준이다. 2014년 규제가 마련된 첫해 11.4%로 낮아졌다. 그리고 불과 2년 만인 2017년, 규제를 피해 14.1% 오름세로 돌아섰다. 그 규모는 2014년 7조9천억 원에서 2017년에 14조 원으로 두 배 가까이 폭증했다. 기업 지분이 내부 거래 규제 대상이 아닌 경우의 일감 몰아주기는 20%를 넘을 정도로 공공연하게 이루어졌다. 기업의 이익을 사회에 환원한다며 각종 혜택을 받아 설립한 공익 재단을 사익 추구의 도구로 악용하는 현주소다. 공익 법인을 새로운 부의 축적 수단으로까지 동원하는 일탈은 파렴치하다. 그들이 가진 모든 부와 권력에 대한 도덕성을 스스로 부정하는 것이다. 근절하지 않는다면 선의의 공익 법인까지 설 자리를 잃게 된다.

경제협력개발기구OECD의 보고에 따르면 한국에서 소득 하위 10%에 속하는 가구가 평균 소득 수준의 가구가 되는 데 약 150년이 걸렸다. OECD 회원국의 평균 기간은 135년이다. 한국 사회의 부의 대물림, 계층 이동의 희망 사다리가 얼마나 높은지 보여준다. 개혁 정부가 소득주도성장이라는 경제 교과서에 없는 새 길을 뚫고 있는 데 대해 반대할 수 없는 이유도 이 같은 현실 때문이다.

대기업 공익 법인의 일탈을 제자리로 돌려놓아야 한다. 공익 법인의 순기능은 정부와 공공 기관의 정책과 손길이 미치지 못하는 곳을 찾아 지원함으로써 빛난다. 공익 법인은 사회적 사각지대를 찾아 공익 사업을 진행함으로써 건강한 사회 공동체 만들기에 기여하고 지속 가능한 시민 사회 발전의 디딤돌이 되어야 한다. 시혜를 베푸는 것이 아니다. 사회로부터 벌어들인 부를 되돌리는 것이다.

1. 공익 법인의 절세 및 기업 지배력 강화 도구화 문제를 어떻게 근절하고, 효과적인 감시와 규제 체계를 마련할 수 있을까?

2. 공익 법인이 사회적 사각지대 지원과 지속 가능한 시민 사회 발전에 기여하도록, 투명성과 책임성을 높이기 위한 제도적·문화적 방안은 무엇인가?

3. 한국 사회의 부의 대물림과 계층 이동의 어려움을 고려할 때, 공익 법인이 사회적 불평등 완화에 실질적으로 기여하기 위해 어떤 사회 공헌 전략을 펼쳐야 하는가?

37

한국, 리더십의 위기

대기업의 CEO들이 병색이 완연한 모습으로 줄줄이 법의 심판을 기다리고 있다 2013. 해당 기업은 소위 'CEO 리스크'라는 트랩에 걸려 발만 구르고 있었다. 물론 'CEO 리스크'라 해서 모두 동급으로 분류할 수는 없다. 그중에는 참으로 안타까운 신화도 있었고 '그럴 줄 알았다'는 예견된 위기도 있다. 그때도 검찰총장, 복지부 장관 사퇴 파문 등으로 정치권까지 가세하면서 한국호가 총체적인 리더십 위기 상황이었다. 위기의 배경은 권력 투쟁 등 여러 가지 요인이 있다. 그중에서 조직의 존립을 위태롭게 하는 가장 큰 요인은 '비전'이다. 비전이 없는 조직은 미래가 없기 때문이다.

기업의 성패는 CEO 리스크가 가장 결정적 요소다. 특히 권력이 집중된 제왕적 리더십은 CEO가 타격을 입거나 공백 상황이 발생하면 정체성의 혼돈까지 더해져 어려움에 빠지게 된다. 지속 가능한 미래형 기업은 정체성을 뼈대로 하여 높은 도덕성으로 무장하는 것이 생존의 기본 조건이다. 그다음, 자유로운 의사소통이 보장될 때 건강성의 토대 위에서 성공 요건을 갖추게 된다. 위기에 빠진 기업의 대부분이 창업 당시의 정체성을 잃었거나, CEO의 독단적 의사 결정을 무비판적으로 추종했다. 도덕적 결함의 방치였다. 이런 기업은 외견상 순항하는 것으로 비치는 특징을 갖고 있다. 마치 태풍 전야의 고요함이다. 그러다 어느 순간, 유능한 인재는 입사를 기피하고 기존의 직원은 새로운 가능성의 미래를 찾아 조용히 빠져나간다. 결국 무력한 임직원만이 마지막 파이가 사라질 때까지 남게 된다.

　정부와 여야를 포함한 정치권의 리더십 위기는 시대정신의 상실에서 비롯되었다. 시대정신은 소명이다. 권력의 정체성이나 다름없다. 오늘의 정치를 관통하는 시대정신은 지난 총선과 대선에서 승패를 갈랐던 '경제민주화'다. 국민은 그 시대정신의 구현을 위해 '정직과 신뢰'의 이미지로 포장한 후보를 도구로 선택했다. 그러나 권력 주변에서 최근에 일어나고 있는 일련의 사건은 정체성의 혼돈으로 불거지는 위험 신호다. 오만했던 여당은 이미 선거 참패로 응징을 받았다. 다시 '승자의 저주'가 그림자를 드리울 차례다.

더 늦기 전에 리더십을 바로 세워야 한다. 비전이다. 기업은 창업의 초심을 되살렸고, 권력은 한 표를 호소하던 때의 눈높이로 낮아져야 비전을 찾을 수 있다. 비전은 현장을 누비는 리더의 정보력과 소통 능력에서 나왔다. 경영학자 톰 피터스는 "비전이 조직 구성원을 고무시킨다"고 했다. 전설적인 리더십의 상징인 아브라함 링컨을 되짚어 보았다. 핵심은 정직과 성실의 덕목 위에 배반 없는 '신뢰'의 품격이다. 링컨은 생각이 다르거나 적대적인 관계에 있는 인사까지 권력의 요직에 등용하는 포용력으로 하나의 미국을 만들었다. 노예 제도를 철폐하고, 미합중국의 분단을 막아낸 대통령, '자유와 평등'이라는 민주주의의 기본 가치를 굳건히 세운 지도자, 링컨 없는 오늘의 미국을 상상이나 할 수 있겠는가?

지도자의 흔들림 없는 비전은 역사적 사실에 철학적 성찰을 더한 신화로 리더십의 무게감을 높인다. 철학자 윌리엄 호킹William Ernest Hocking은 "진실을 없애는 신화가 있는가 하면 진실을 더욱 값지게 만드는 신화도 있다"고 했다. 한국 사회의 갈등과 불화의 진원지가 되고 있는 리더십 위기의 중심에 있는 지도자들이 되새겨 볼 만하다. 기득권에 매몰되어 진실소명을 잃은 지도력은 야수에 불과하다. 그 야욕에 밟혀 절망의 함정에 빠진 무기력한 조직의 미래를 방치하는 것 또한 모두의 직무 유기다.

1. 권력 집중과 독단적 리더십이 조직과 사회에 미치는 부정적 영향은 무엇이며, 이를 극복하기 위한 리더십 구조 개선 방안은 무엇인가?
2. 조직과 국가 발전을 위해 리더가 갖추어야 할 핵심 덕목은 무엇이며, '정직', '신뢰', '포용'의 가치가 리더십에 미치는 영향은 무엇인가?
3. 경제민주화와 같은 시대정신을 구현하기 위한 정치·기업 리더십의 구체적 전략과, 리더십 공백이 사회에 끼치는 영향에 대한 대응 방안은 무엇인가?

38

앙상블 리더십

경제협력개발기구OECD가 발표한 주요 36개국의 '2015년 더 나은 삶 지수' 자료에 따르면 한국이 꼴찌였다. 어려울 때 의지할 수 있는 사람이 있느냐는 조사에서 '없다'는 응답이 세계 최고였다. OECD 평균이 88%인 데 비해 한국은 72%가 의지할 곳이 없다고 답했다. 삶의 만족도도 최하위권이었다. OECD의 '더 나은 삶 지수'는 소득, 교육, 환경, 건강, 안전, 삶의 만족도 등 11개 분야로 나누어 국가별로 삶의 질을 평가하는 지수다. 경제 규모는 세계 10위권 수준이었지만 삶의 질은 OECD 34개국 중 하위권27위이다. 우리는 왜 이같이 궁핍한 마음으로 살고 있을까?

원초적인 인구 사회학적 결함이 상시 체제로 작동되고 있는 것

같다. 바로 견고한 '갈등 체제'다. 이 갈등 체제는 역사적, 문화적, 정치적으로 오랜 숙성의 과정을 통해서 유전자로까지 자리매김 된 것이 아닌가 하는 비감悲感이 들 정도다. 대형 사고를 대할 때면 그 민낯이 유감없이 드러나곤 한다. 공격과 방어, 싸움질 패턴의 반복이다. 금강산 관광객 피격, 천안함 피격, 세월호 침몰 그리고 메르스 파동까지 모두 그랬다. 원인을 객관적으로 분석하고 적절한 해법을 모색하기 전에 책임 공방부터 벌였다. 늘 공격과 방어로 진영이 갈리고 생존을 건 싸움으로 진행되었다. 사건이 마무리되어도 정작 중요한 책임 규명과 방지책은 없었다. 결국 '갈등 체제'는 온갖 부패와 비리를 덮어주는 방패로 기능하는 셈이다. 이 깊고 오래된 병증을 치유할 방안이 절실하다.

지도자의 역할이 중요하다. 해법은 고질적 병폐에 대한 사회적 공감대 위에서 치유의 길을 찾는 공동의 노력이 전제될 때 찾을 수 있다. 그러기에는 긴 시간이 필요하다. 그때는 응급 처치가 절박했다. 당장에 필요한 것은 위기를 돌파할 리더십이었다. 리더십을 대통령에게만 집중하지 말자고 했다. 너무 몰아붙이지 않나 싶어 짠하다는 생각도 들었다. 각자의 자리에서 본분을 다하는 리더십이 보이지 않는다. 대통령은 시작과 중간점 그리고 마침표를 잘 찍어 주면 된다. 총론부터 세세한 각론까지 다 챙기기에는 너무나 큰 나라, 민주주의 대한민국이다.

　미국 뉴욕의 '오르페우스 체임버 오케스트라OCO'는 세계에서 유일하게 지휘자가 없다. 30년 전 첼리스트 줄리언 파이퍼가 창단했다. 지휘자가 전권을 행사하는 방식으로는 예술적 독창성 발휘하기 어렵다는 판단에서였다. 악기별 리더를 선정하고 연습에 앞서 밑그림을 그렸다. 음악적 해석과 앙상블은 토론과 합의 과정을 거쳐 완성해 갔다. 자기표현의 욕구가 강한 음악가의 특질을 활용해 자발적으로 열정을 쏟게 만들었다. OCO 구성원은 성취감과 자부심에 충만하다. 이 행복한 공동체를 만든 것이 바로 '나눔과 협력'의 '앙상블 리더십Ensemble Leadership'이다. 2003년 전염병 '사스' 때 고건 총리가 이런 리더십을 보여주었다. 각 분야 전문가들이 자신의 분야에서 최선을 다하도록 적시에 장을 펼쳐 주고 협력을 이끌어내 재난을 예방했다.

　성공적인 리더십은 전체를 아우르는 앙상블에서 나온다. 여든 야든 가림 없이 손잡고 뛰게 만들어 주자. 각자의 노림수는 개의치 말자. 힘을 모아 이 난국을 극복할 수 있다면 그뿐이다. 메르스도 경제 위기도 이 신명 나는 화음 앞에서는 별것 아니다. 우리는 세계 10대 경제력을 가졌다. 이 체급에 걸맞은 품위를 지키며

행복을 누릴 때가 되지 않았는가?

1. 역사적, 문화적 요인으로 형성된 갈등 구조가 사회 발전에 미치는 영향과 이를 해소하기 위한 사회적·정치적 전략은 무엇인가?

2. 지휘자가 없는 오케스트라 모델처럼 다양한 리더들이 협력하는 '앙상블 리더십'의 원리와 이를 국가 위기 상황에 적용하는 구체적 방법은 무엇인가?

3. 한국 민주주의와 사회적 복잡성 속에서 대통령 리더십 집중의 한계는 무엇이며, 각자의 자리에서 협력하는 분산형 리더십을 강화하기 위한 방안은 무엇인가?

39

더 좋은 세상 만들기

　세계적으로 부의 불균형과 편중이 도를 넘어 자본주의의 위기로까지 경고음을 내고 있다. 한국도 예외가 아니다. 한국행정연구원의 '2015 사회 통합 실태 조사 주요 분석 결과'에 따르면 한국인의 72.3%가 경제·사회적 분배 구조가 불공정하다고 생각하고 있었다. 이로 인해 84%가 빈부 격차로 인해 심각한 갈등을 겪고 있다고 했다. 그렇다 보니 사회구성원의 삶의 만족도 역시 5.8점으로 경제협력개발기구 OECD 평균치인 6.6점보다 한참 낮았다. 사실상 세계 최하위 수준이다. 한마디로 한국인의 삶은 행복하지 못하다.

　2015년 SNS에서 가장 많이 언급된 단어가 '금수저 흙수저'였다.

2위는 '헬hell 조선'이었다. 부자이거나 잘나가는 부모 덕에 풍요를 누리는 사람을 금수저라 부른다. 그 반대의 처지가 흙수저다. 이 구분은 더욱 세분화되어 부모 재산이 20억을 넘으면 금수저이고 그 이하는 흙수저로 경계까지 구획지었다. 1, 2위 검색어가 주는 시사점은 한국 사회가 분배의 불균형으로 인해 '더 나은 미래'로 나아가기 불가능하다는 것이다. 지옥 탈출만큼 어려운 강고한 구조적 틀 속에 갇혀 있는 것으로 해석된다. 문제는 그 경계선이다. 가진 자금수저와 가지지 못한 자흙수저의 경계, 행복천국과 불행지옥의 경계가 모두 돈으로 구획됐다는 것이 더 참담한 현주소다.

지난해 미국 기업 페이스북의 창업자 CEO 마크 저커버그가 딸을 낳은 기념으로 자신의 회사 보유 지분 99%, 약 52조 원을 기부하겠다고 발표했다2014. 그는 페이스북에 올린 기부의 동기를 밝힌 편지에서 "내 딸을 사랑하기 때문만이 아니라 다음 세대의 아이들이 더 좋은 세상에서 살 수 있어야 한다는 도덕적 책임감을 갖고 있기 때문"이라고 밝혔다. 저커버그는 기부금으로 자선 법인 '챈 저커버그 이니셔티브'를 만들어 '더 좋은 세상 만들기'에 쓸 계획이었다. 미국에서는 이렇듯 거액의 재산을 기부하는 사례가 적지 않다. 이미 널리 알려진 빌 게이츠와 워렌 버핏의 주도로 만들어진, 재산 절반 기부 서약인 '더 기빙 플레지The Giving Pledge'에 기부를 약속한 부호만 현재 140명으로 약 584조 원 규모가 약정되어 있다. 그들이 지향하는 가치는 한결같이 '더 좋은 세상'을 위하여다.

우리나라의 부는 상위 1%가 전체 소득의 16.6%를 차지한다. 이 수준은 OECD 34개국의 평균 9.7%와 비교했을 때 두 배에 가깝다. 부의 편중 실태가 쉽게 비교된다. 반면 기부 문화의 싹은 아직 취약하다. 간간이 감동을 주는 사례들이 나왔다. 최근 중견 제약 회사 한미약품의 임성기 회장이 전 직원에게 자신의 주식 1100억 원 상당을 증여했다. 임 회장은 "회사가 어려울 때 임직원들이 허리띠를 졸라 매준 것에 대한 마음의 빚을 갚고 싶었다"고 말했다. 임 회장은 사석에서 "신약 개발로 기업 가치가 높아졌지만 현금이 한 푼도 없어 안타깝다"고 고백한 일이 있다. 어려운 가운데서도 가장 먼저 동행해준 분들에 대한 배려가 아름다웠다. 임성기도 정주영도 흙수저 출신이었다.

미래 세대인 청년들이 20억의 금수저를 넘을 수 없는 경계로 삼아 자신을 가두는 이 세태가 암담하다. 더 좋은 미래는 그 경계를 넘어야 찾을 수 있다. 도전하는 청년에게 극복 못할 장애는 없다.

'더 좋은 세상'을 원한다면 경계의 감옥을 탈출해야 한다.

1. '금수저'와 '흙수저'로 대변되는 경제적 불평등의 원인과 이를 극복하기 위한 정책적, 사회적 접근법은 무엇인가?

2. 국내에서 기부 문화가 취약한 이유와 이를 활성화하기 위한 기업, 개인, 정부의 역할 및 실천 방안은 무엇인가?

3. 20억 원 이상 부의 경계를 넘기 어려운 청년들의 현실과, 이들이 경제적 자유와 성공을 위해 극복해야 할 장애물과 지원 정책은 무엇인가?